Ludwig Waas / Barbara Ertelt / Marion Waszak

Englisch üben an der Stationentheke

60 Stationen zu verschiedenen Themen des Englischunterrichts der 3. Klasse

Kopiervorlagen mit Lösungen

BRIGG Pädagogik

Gedruckt auf umweltbewusst gefertigtem, chlorfrei gebleichtem
und alterungsbeständigem Papier.

1. Auflage 2012
Nach den seit 2006 amtlich gültigen Regelungen der Rechtschreibung
© by Brigg Pädagogik Verlag GmbH, Augsburg
Alle Rechte vorbehalten.
Das Werk und seine Teile sind urheberrechtlich geschützt.
Jede Nutzung in anderen als den gesetzlich zugelassenen Fällen bedarf der vorherigen
schriftlichen Einwilligung des Verlages. Hinweis zu § 52 a UrhG: Weder das Werk noch seine
Teile dürfen ohne eine solche Einwilligung eingescannt und in ein Netzwerk eingestellt werden.
Dies gilt auch für Intranets von Schulen und sonstigen Bildungseinrichtungen.
Illustrationen: Bettina Weyland

ISBN 978-3-87101-741-4   www.brigg-paedagogik.de

Inhalt

Empfehlungen zur Arbeit an der Stationentheke 5

Einige grundsätzliche Überlegungen 5
Vorbereitung 5
Ablauf 6
Lernzielformulierungen 8
Artikulationsmodell und Tafelbild 8

Kopiervorlagen

1. Stationentheke: Colours 11

Was wird geübt? 11
Stationen 1–6 12
Sternchenstation: Memospiel mit Kopiervorlage 15
Rally Card 17
Lösungen 19

2. Stationentheke: Family 23

Was wird geübt? 23
Stationen 1–6 24
Sternchenstation: Domino-Spiel mit Kopiervorlage 27
Rally Card 29
Lösungen 31

3. Stationentheke: Pets 34

Was wird geübt? 34
Stationen 1–6 35
Sternchenstation: *Draw and guess* 38
Rally Card 39
Lösungen 41

4. Stationentheke: At school 44

Was wird geübt? 44
Stationen 1–6 45
Sternchenstation: Fragespiel *"Have you got a school bag?"* 48
Rally Card 49
Lösungen 51

5. Stationentheke: The days of the week 55

Was wird geübt? 55
Stationen 1–6 56
Sternchenstation: *Chris's week* mit Kopiervorlage 59
Rally Card 61
Lösungen 63

6. Stationentheke: Clothes ... 67
Was wird geübt? ... 67
Stationen 1–6 ... 68
Sternchenstation: *Tick the clothes* mit Kopiervorlage ... 71
Rally Card ... 73
Lösungen ... 75

7. Stationentheke: Food and drink ... 78
Was wird geübt? ... 78
Stationen 1–6 ... 79
Sternchenstation: *Let's act a dialogue* (*Flow Chart* als Kopiervorlage) ... 82
Rally Card ... 83
Lösungen ... 85

8. Stationentheke: Fruit and vegetables ... 89
Was wird geübt? ... 89
Stationen 1–6 ... 90
Sternchenstation: Spiel *What's missing?* mit Kopiervorlage ... 93
Rally Card ... 95
Lösungen ... 97

9. Stationentheke: Halloween ... 101
Was wird geübt? ... 101
Stationen 1–6 ... 102
Sternchenstation: Spiel *Flash Cards* mit Kopiervorlage ... 106
Rally Card ... 107
Lösungen ... 109

10. Stationentheke: Great Britain ... 113
Was wird geübt? ... 113
Stationen 1–6 ... 114
Sternchenstation: *Towns in Great Britain* (Perzeptionsspiel) mit Kopiervorlage ... 117
Rally Card ... 119
Lösungen ... 121

Empfehlungen zur Arbeit an der Stationentheke

Einige grundsätzliche Überlegungen

Es ist sinnvoll und notwendig, dass die Schülerinnen und Schüler das Gelernte in regelmäßigen Abständen wiederholen, auffrischen und festigen – und zwar individuell nach ihrem eigenen Lernbedarf. Ein Schritt zum **selbstständigen Lernen** kann die Stationenarbeit sein. Erfahrungsgemäß ist sie bei den Schülern sehr beliebt.

Die Lehrkraft wählt dabei eine Stationentheke aus und gibt damit einen inhaltlichen Rahmen vor. Aus der dazugehörigen Aufgabensammlung sucht sich der einzelne Schüler diejenigen Aufgaben aus, die ihm wichtig erscheinen und bei denen er sich noch unsicher fühlt.

Dieser Band umfasst 10 Stationentheken. Jede behandelt ein im Lehrplan vorgesehenes Thema, wie zum Beispiel *Colours, The days of the week, Food and drink*. Eine Stationentheke umfasst sechs verschiedene Aufgaben, die die Schülerinnen und Schüler selbstständig und **ohne Eingreifen der Lehrkraft lösen, kontrollieren und verbessern** sollen. Da die Schüler allein arbeiten, ist eine eindeutige Aufgabenstellung auf Deutsch eine wichtige Voraussetzung.

Die einzelnen Aufgaben sind für einen Schüler mit einem durchschnittlichen Arbeitstempo in etwa fünf Minuten zu lösen. Das bedeutet aber nicht, dass pro Aufgabe ein Zeitlimit vorgegeben wird, denn jeder Schüler sollte stets in seinem **individuellen Tempo** arbeiten dürfen.

Leistungsschwächere Schüler können jederzeit in ihrem (Arbeits-)Heft nachschauen, wenn sie unsicher sind.

Jede Stationentheke enthält als Zusatzaufgabe eine „Sternchenstation". Hier finden die Schüler immer den Hinweis: „Go to your teacher". Die Sternchenstation ist die einzige Station, die mit einem Partner, in einer Gruppe oder mit der Lehrkraft bearbeitet werden muss. Bei dieser Station darf und soll leise miteinander gesprochen werden.

Die Aufgaben aller anderen Stationen sollen **ruhig und in konzentrierter Einzelarbeit** gelöst werden.

Es müssen **nicht immer ganze Unterrichtsstunden** für die Arbeit an Stationen eingeplant werden. Möglich ist zum Beispiel auch, nur drei Stationen in eine Schulstunde zu integrieren und damit die Individualphase zu gestalten.

Die Zeit für die Vorbereitungsarbeiten ist besonders gut investiert, wenn Kollegen **in parallelen Lerngruppen zusammenarbeiten**. Dies ist leicht möglich, da die Aufgaben weitgehend unabhängig von der Lehrkraft lösbar sind.

Vorbereitung

Zu jeder Stationentheke bereitet die Lehrkraft vier Elemente vor:

1. Die **Stationenkarten** mit den Arbeitsaufträgen.
Jede der sechs Stationenkarten wird mehrfach kopiert (z. B. fünfmal bei einer Gruppe von 24 Schülern) und stapelweise ausgelegt. Es sollte darauf geachtet werden, dass es insgesamt deutlich mehr Aufgabenblätter als Kinder gibt, damit jedes Kind seine persönliche Auswahl treffen und ggf. mehrere Stationen bearbeiten kann.

2. Die **Rally Cards**. Hier handelt es sich um „Laufzettel", auf denen jeder seine Lösungen einträgt. Die *Rally Card* muss doppelseitig auf ein DIN-A-4-Blatt kopiert werden. Jeder Schüler erhält ein Exemplar.
3. Die **Lösungsblätter**, mit deren Hilfe die Schüler ihre Ergebnisse selbst überprüfen können. Sie werden einzeln an der Tafel aufgehängt. Bei größeren Gruppen können sie auch zweifach kopiert und an verschiedenen Orten in der Klasse aufgehängt werden. So kommt es beim Abgleichen der Lösungen nicht zu „Staus".
4. Gegebenenfalls weitere **Arbeitsmittel** (z.B. Dominokärtchen), die für die Arbeit an einzelnen Stationen notwendig sind. Sie werden den betreffenden Stationenkarten beigelegt.

Ablauf

1. Noch vor Unterrichtsbeginn legt die Lehrkraft die kopierten Stationenkarten und alle weiteren benötigten Materialien sortiert und übersichtlich auf dem Pult oder auf den Fensterbrettern aus. So bekommen die Kinder schon vorab einen Überblick über die zu bearbeitenden Stationen.

2. Die Lösungskarten werden an der Tafel aufgehängt.

3. Zu Beginn der Arbeit an der Stationentheke sollten die Regeln für die Stationenarbeit besprochen bzw. wiederholt werden. Die Regeln können auf einem Plakat zusammengestellt oder an der Tafel erarbeitet werden. Ein Formulierungsbeispiel:

> **So macht Stationenarbeit Spaß**
> - Wir lesen die Arbeitsanweisungen genau.
> - Wenn wir eine Aufgabe fertig haben, kontrollieren wir unsere Lösungen.
> - Wir vergleichen unsere Lösungen mit dem Lösungsblatt.
> - Wir verbessern sorgfältig.
> - Wenn wir reden, dann nur im Flüsterton.
> - Wir räumen immer auf.

4. Jeder Schüler erhält nun eine *Rally Card*, die er mit seinem Namen kennzeichnet. Die Schüler führen ihre *Rally Card* während der gesamten Stationenarbeit mit sich.

5. Die Schüler gehen zu den einzelnen Stationen, an denen die Stationenkarten ausgelegt sind. Sie wählen eine Aufgabe aus, nehmen die entsprechende Stationenkarte mit an ihren Platz und arbeiten dort still für sich an der Lösung der Aufgabe. Ihre Lösungen tragen sie auf ihrer *Rally Card* ein.

6. Wer eine Aufgabe fertig gelöst hat, geht zur Tafel, sucht das entsprechende Lösungsblatt und gleicht seine Lösung damit ab. Fehler werden sorgfältig verbessert. Die Stationenkarte wird wieder an die Station zurückgelegt.

> Auf die eigenständige Kontrolle an den Lösungskarten sollte die Lehrkraft ihr besonderes Augenmerk richten, denn es gibt Kinder, die dazu neigen, ihre Lösungen oberflächlich zu korrigieren. Hier sollte die Lehrkraft einfühlsam, aber entschlossen eingreifen und diese Schüler sofort zu mehr Gründlichkeit auffordern. Die sorgfältige Selbst-Korrektur ist eine wichtige Voraussetzung für eine erfolgreiche Stationenarbeit.
> Ansonsten bleibt die Lehrkraft im Hintergrund und beschränkt sich darauf, die Kinder bei der Arbeit zu beobachten. Hierbei können wichtige Erkenntnisse über das Sozial- und Arbeitsverhalten eines Schülers gewonnen werden. Diese können später auch in Elterngespräche einfließen.

7. Anschließend darf eine neue Station ausgewählt und eine neue Aufgabe gelöst werden. Die Anzahl der Aufgaben, die jede Schülerin/jeder Schüler bewältigt, hängt vom verfügbaren Zeitrahmen und vom individuellen Arbeitstempo der Schüler ab.

8. Während bei der Stationenarbeit größtmögliche Stille herrscht, haben die Schüler anschließend die Gelegenheit zum Austausch und zur Reflexion.
   In der Reflexionsphase äußern sie sich zu den einzelnen Stationen. Für sprachlich unsichere Klassen sind dabei Wortkarten mit Satzanfängen (Reflexionskarten) hilfreich. Die Satzanfänge können auch per OHP angeboten werden.

Nach der heutigen Arbeit kann ich schon besser ...
Das muss ich noch üben: ...
Mir ist heute schwergefallen ...
Wir sollten nächstes Mal besser beachten, dass ...
Ich konnte mich heute gut konzentrieren, weil ...
Ich konnte mich heute schlecht konzentrieren, weil ...

Es bleibt der Lehrkraft überlassen, ob sie die *Rally Cards* einsammelt, um sich einen Überblick über die Arbeit der Schüler zu verschaffen, oder nicht. Eine Bewertung der Leistungen auf der *Rally Card* verbietet sich.
Beim Nachgespräch und bei der Durchsicht der *Rally Cards* erfährt die Lehrkraft, bei welchen Aufgaben es Schwierigkeiten gab und welche Aufgaben nicht gelöst werden konnten. In einer der folgenden Stunden könnte nun den Schülern noch einmal Gelegenheit gegeben werden, an denselben Stationen zu arbeiten. Dabei dürfen sich leistungsschwächere Schüler einen Paten auswählen, der ihnen eine schwierige Aufgabe erklärt oder sie mit ihnen gemeinsam löst.

Lernzielformulierungen

Die Schüler sollen ...
- den bereits im Unterricht erarbeiteten Wortschatz aus dem Themenbereich ... anhand einer Folie oder an der Tafel kurz mündlich wiederholen (s. u. Artikulationsmodell)
- den Lernstoff durch die Arbeit an der Stationentheke üben und vertiefen
- ihre Fähigkeit steigern, über ihre Arbeitsweise und ihren Lernerfolg zu reflektieren

Artikulationsmodell[1]

Artikulation	Stundenablauf	Medien/Unterrichtsformen
Vergegenwärtigung der Situation	L. zeigt ein Bild, das den Sch. bereits aus dem Unterricht bekannt ist und das sie z. B. an die Einführung des Wortschatzes erinnert. Sch. äußern sich zum Bild. L. deutet notfalls auf Bilder, die Sch. nicht erwähnen, und spricht die Wörter deutlich vor.	OHP oder Tafel Unterrichtsgespräch Satzstreifen als Sprechhilfe: „I can see ..." „There is ..." „There are ..."
Lernziel der Stunde	L.: Wisst ihr schon, was wir heute machen? Sch.: Wir üben an Stationen/Wir üben die Wörter, die wir in letzter Zeit gelernt haben.	Zielangabe wird an der Tafel festgehalten
Wiederholung der Regeln (nur bei den ersten Stationenarbeiten)	Sch. wiederholen die Regeln für die Arbeit an Stationen. Eventuell wird eine Regel hervorgehoben, auf die besonders geachtet werden sollte. Jeder Sch. erhält eine *Rally Card*. L. gibt den Sch. ein bekanntes Zeichen für den Beginn der Arbeit.	Triangel/Glockenspiel/ Musik von CD

---

1 L. = Lehrkraft, Sch. = Schüler/-innen

Artikulation	Stundenablauf	Medien/Unterrichtsformen
Arbeit an den Stationen	Sch. nehmen sich von der Stationentheke eine Stationenkarte. Sie gehen damit an ihren Platz und lösen selbstständig die Aufgabe auf der *Rally Card*. Wenn sie fertig sind, vergleichen sie ihre Antworten mit den Lösungen an der Tafel. L. beobachtet die Sch., vor allem bei der Überprüfung ihrer Antworten. Gegebenenfalls hält sie zu sorgfältigem Vergleichen und Korrigieren an.	Die Stationenkarten (Station 1–6) sind übersichtlich z. B. auf den Fensterbrettern verteilt. Einzelarbeit im individuellen Arbeitstempo. Außerdem: – *Rally Card* – Lösungsblätter – Zusatzaufgabe: Sternchenstation
Beenden der Arbeit an Stationen	L. schaltet den CD-Player ein. Sch. wissen, dass sie die Aufgabe, die sie gerade bearbeiten, beenden, das Material aufräumen und mit der *Rally Card* in den Sitzkreis kommen sollen.	CD-Player und CD mit einem bekannten Aufräumlied
Schlussreflexion	L. vermindert die Lautstärke der Musik und stellt sie dann ganz ab. L. legt Reflexionskarten in die Mitte. Sch. reflektieren ihre Arbeit.	Unterrichtsgespräch im Sitzkreis. Reflexionskarten in die Mitte legen.

Tafelbild

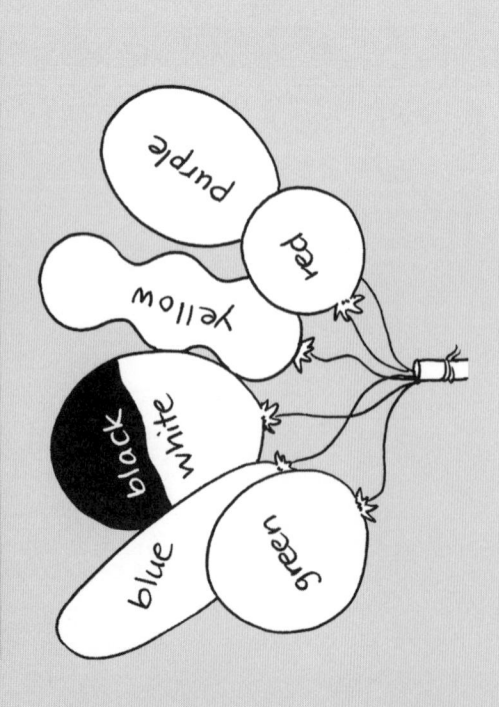

Colours

balloons: purple, red, yellow, black, white, blue, green

Station 1 Colours	Station 2 Colours	Station 3 Colours	Station 4 Colours	Station 5 Colours	Station 6 Colours
Station 1 Lösung	Station 2 Lösung	Station 3 Lösung	Station 4 Lösung	Station 5 Lösung	Station 6 Lösung

Nach der heutigen Arbeit kann ich schon besser …	Mir ist heute schwergefallen …	Wir sollten nächstes Mal besser darauf achten, dass …

1. Stationentheke: Colours

Was wird geübt?

Wortschatz:
red, green, orange, yellow, pink, blue, white, brown, purple, grey, black

Redewendungen (rezeptiv):
It is ...
... has got a ...

Stationen

Station 1: Zuordnungsaufgabe Wort – Farbe
Station 2: Wörter in der passenden Farbe einrahmen
Station 3: Tiere den Angaben entsprechend anmalen
Station 4: Farbwörter schreiben
Station 5: Luftballons richtig anmalen
Station 6: Autos nach Vorgabe ausmalen
Station ✭: Mit Partner/-in ein Farb-Memory spielen

Material

Während der Stationenarbeit benötigt jedes Kind Farbstifte in den oben angegebenen Farben.

> **!!Hinweis!!**
> **Vor der Arbeit an der Stationentheke „Colours" müssen manche Bilder und Wörter auf den Stationenkarten und den Lösungsblättern farbig angemalt werden.** Die Kinder helfen gerne dabei. Wenn zum anschließenden Vervielfältigen ein Farbkopierer zur Verfügung steht, ist der Aufwand relativ gering.

Station 1 — Colours

▶ Verbinde auf deiner *Rally Card* jedes Bild mit dem passenden Wort.

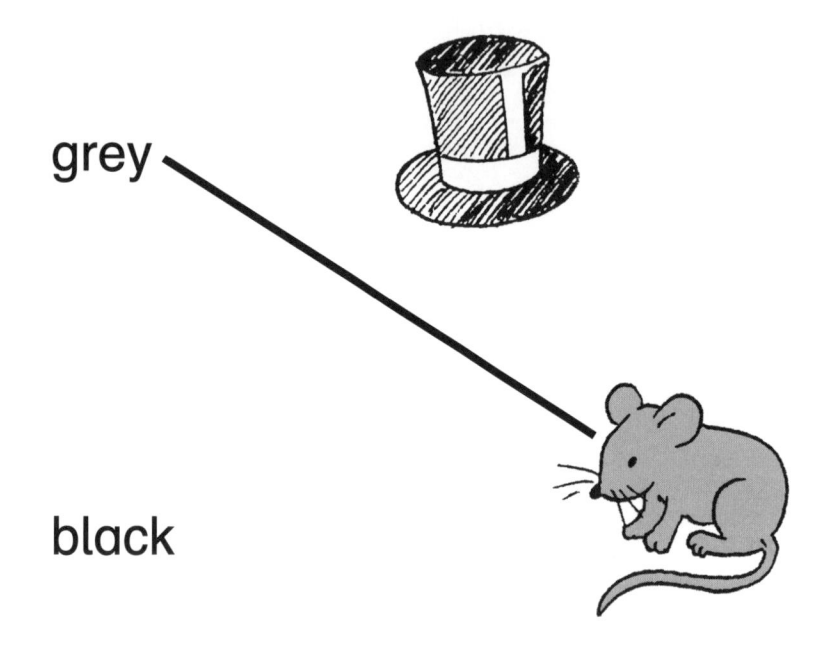

grey

black

Station 2 — Colours

▶ Male die Wörter auf deiner *Rally Card* mit der richtigen Farbe aus.

green

blue

Station 3 — Colours

▶ Lies die Sätze.
Male danach die Tiere auf deiner *Rally Card* richtig an.

1. It is **black** and **white**. It is a zebra.

2. It is **orange**. It is a goldfish.

3. It is **grey**. It is a cat.

4. It is **brown**. It is a dog.

5. It is **red** and **blue**. It is a parrot.

Station 4 — Colours

▶ Welche Farbe haben das Gemüse und die Früchte, wenn sie reif sind? Schreibe es auf deine *Rally Card*.

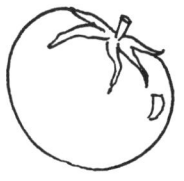

It is r e d.

Station 5   Colours

▶ Male die Luftballons auf deiner *Rally Card* richtig an.

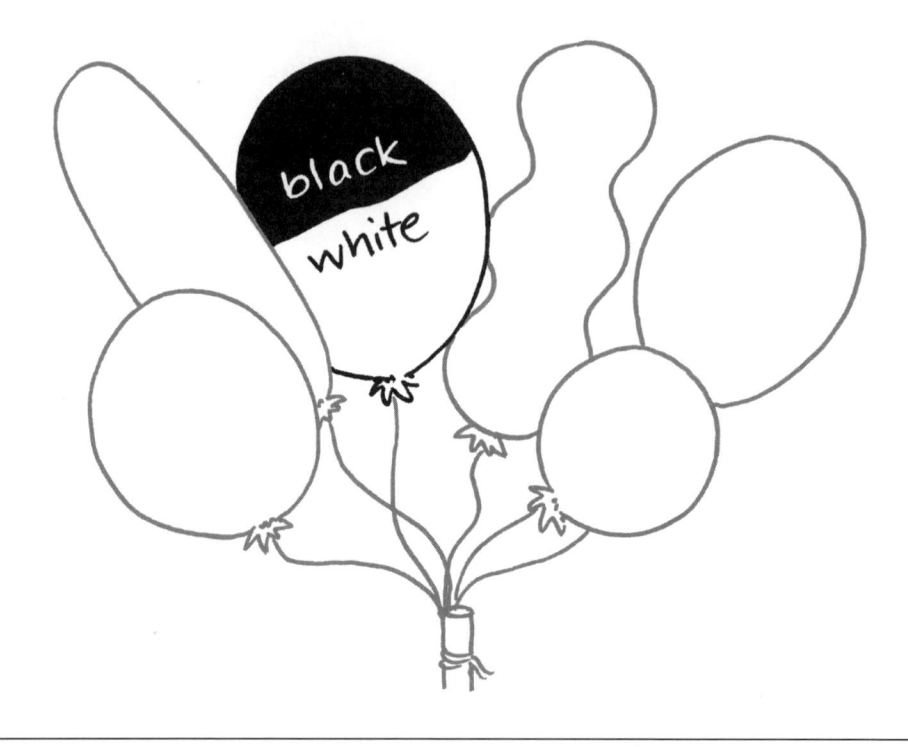

black
white

Station 6   Colours

▶ Auf deiner *Rally Card* siehst du Autos und ihre Besitzer.
Lies die folgenden Sätze.
Male dann die Autos auf der *Rally Card* richtig an.

Mr Pim has got a **grey** car.

Mrs Kent has got a **red** car.

Mrs Banks has got a **green** car.

Mr Miller has got a **yellow** car.

Mrs Hill has got a **blue** car.

Station ★   Colours

▶ ***Go to your teacher.***

Geh zu deinem Lehrer oder deiner Lehrerin und frage nach dem Memo-Spiel.

Suche dir jemanden, mit dem du es spielen möchtest.

Bring das Spiel anschließend zurück. Viel Spaß!

!! Hinweise für die Lehrkraft !!

- Das Memo-Spiel funktioniert nach den Regeln eines gängigen Memory-Spiels. Dabei soll ein Farbwort dem passenden Bild zugeordnet werden.
- Die Memokärtchen finden Sie auf der folgenden Seite als Kopiervorlage.
- Kopieren Sie sie auf festes Papier.
- Sie können die Illustrationen ausmalen lassen, wenn Sie es möchten.
- Laminieren Sie eventuell Ihre Kopie, bevor Sie die Kärtchen ausschneiden.
- Achten Sie darauf, dass Sie das Spiel immer vollständig zurückbekommen.

- Das Memospiel enthält zwei leere Karten. Hier können Sie selbst eine Illustration und ein passendes Wort hinzufügen. (Weitere Farben: *turquoise* (türkis), *many-coloured/multi-coloured* (bunt, vielfarbig), *dark green* (dunkelgrün), *light red* (hellrot).

red	yellow	orange
black	purple	blue
pink	brown	white
green	grey	

Colours *Rally Card*   Name _____

Station 1

grey   purple

red   blue

black   pink

Station 2

green   blue
brown   yellow
           purple
       orange

Station 3

1 2  3 
4  5

Colours *Rally Card*

Station 4

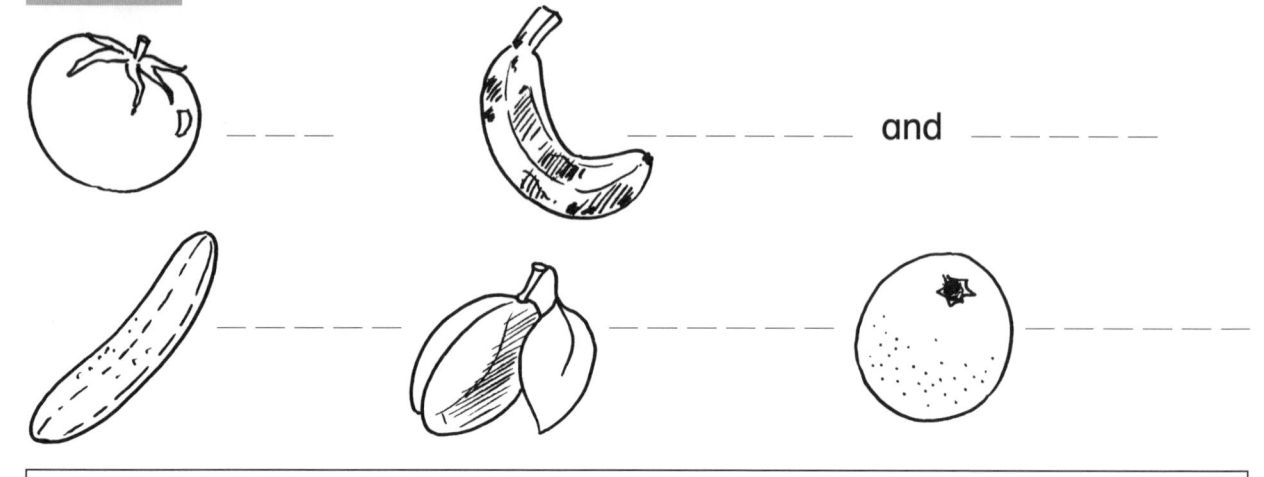

🍅 _red_   🍌 _yellow and brown_ and _____

🥒 _green_   🥭 _purple_   🍊 _orange_

| purple – yellow and brown – red – green – orange |

Station 5

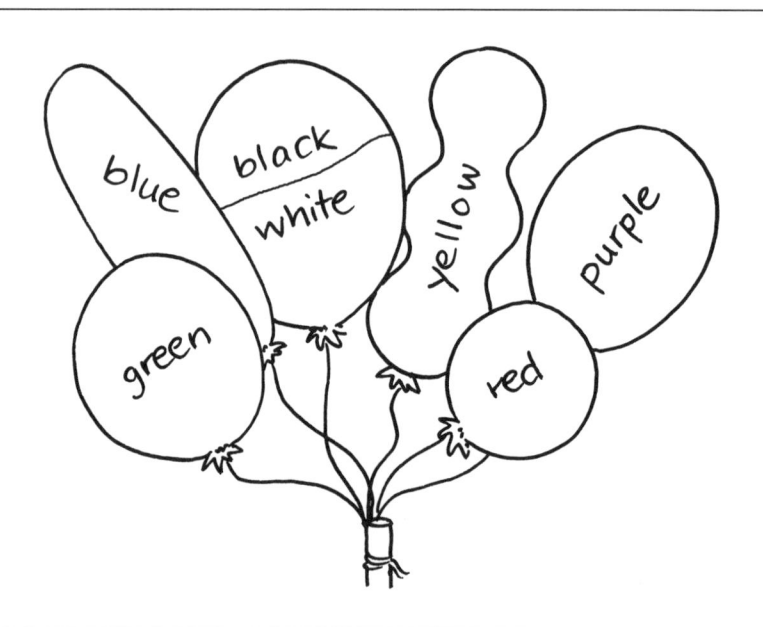

(balloons: blue, black, white, green, yellow, red, purple)

Station 6

Mr Pim

Mrs Kent

Mrs Banks

Mrs Hill

Mr Miller

Station 1 *Lösung* — Colours

So solltest du die Bilder und Wörter verbinden:

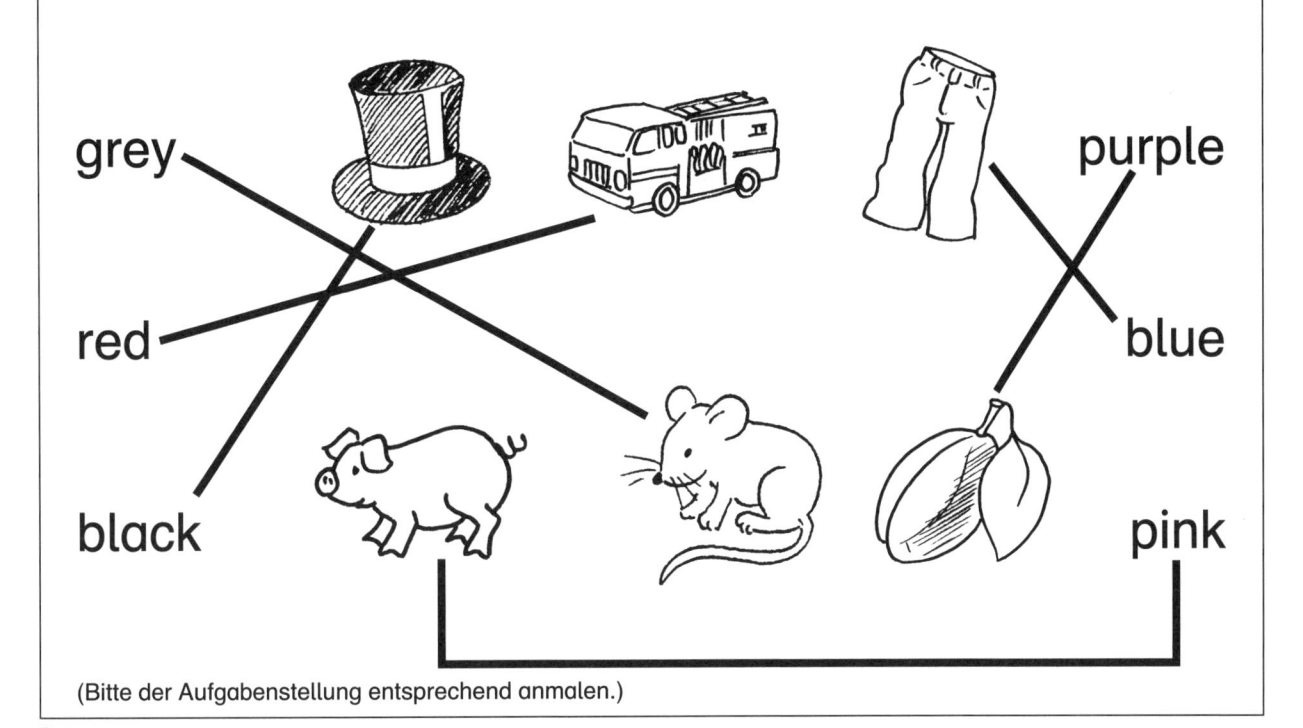

grey — (Maus)
red — (Feuerwehrauto)
black — (Zylinder)
purple — (Hose)
blue — (Aubergine)
pink — (Schwein)

(Bitte der Aufgabenstellung entsprechend anmalen.)

Station 2 *Lösung* — Colours

So solltest du die Wörter ausmalen:

green blue

yellow

brown

purple

orange

(Bitte der Aufgabenstellung entsprechend anmalen.)

Station 3 *Lösung* — Colours

So solltest du die Tiere anmalen:

1  black and white

2  orange

3  grey

4  brown

5  red and blue

(Bitte der Aufgabenstellung entsprechend anmalen.)

Station 4 *Lösung* — Colours

Dies sind die richtigen Farben:

red

yellow and **brown**

green

purple

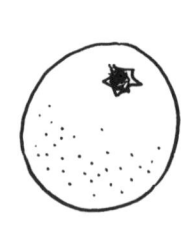

orange

Station 5 Lösung — Colours

So solltest du die Luftballons anmalen:

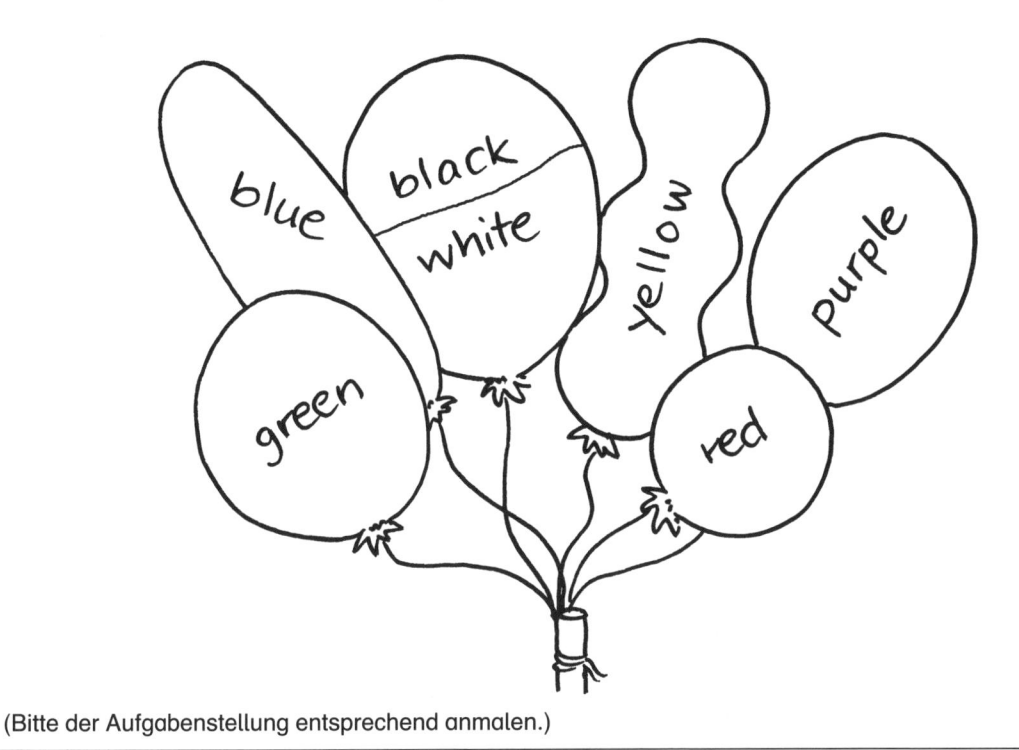

- blue
- black
- white
- yellow
- purple
- green
- red

(Bitte der Aufgabenstellung entsprechend anmalen.)

Station 6 Lösung — Colours

So solltest du die Autos anmalen:

- Mr Pim — grey
- Mrs Kent — red
- Mrs Banks — green
- Mrs Hill — blue
- Mr Miller — yellow

(Bitte der Aufgabenstellung entsprechend anmalen.)

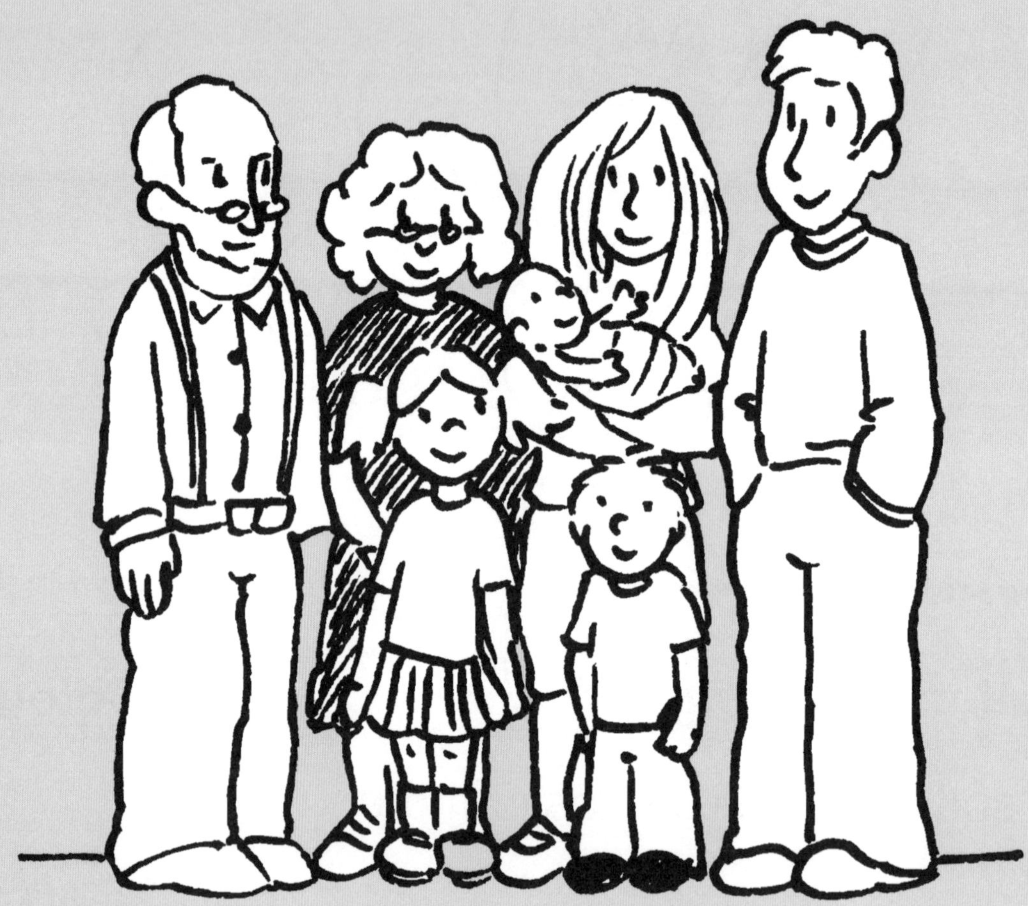

2. Stationentheke: Family

Was wird geübt?

Wortschatz:
mother, father, stepmother, stepfather
sister, brother
aunt, uncle, cousin
grandmother, grandfather

Redewendungen (rezeptiv):
I've got …
This is my …

Stationen

Station 1: Wörter in einem Wortgitter finden und einkreisen
Station 2: Wörter richtig auswählen und schreiben
Station 3: Wörter-Domino richtig aneinanderlegen
Station 4: Einen Text lesen und verstehen
Station 5: Bildern die richtigen Sprechblasen zuordnen
Station 6: Wörter frei schreiben
Station ✭: Einen eigenen Text schreiben

Material

Für **Station 3** wird ein Briefumschlag für die Domino-Kärtchen benötigt (s. S. 27). Das Domino-Spiel wird der Stationenkarte beigelegt.

Station 1 — Family

▶ Suche in dem Wortgitter auf deiner *Rally Card* die Namen für zehn verschiedene Familienmitglieder. Lies waagerecht und senkrecht. Male einen Kringel um jedes gefundene Wort.

u	s	e	i	b	r	o	t	h	e	r	z
n	i	o	n	g	y	w	e	t	l	b	r
c	s	g	g	r	u	l	p	p	a	n	o

Station 2 — Family

▶ Welche Familienmitglieder sind auf den Fotos der Kinder zu sehen? Schreibe sie auf deine *Rally Card*.

ANDY

KEVIN

BARBARA

SANDRA

erbroth

therfa

tersis

hermot

Station 3 — Family

▶ Hole die Domino-Kärtchen aus dem Umschlag und schau sie dir an.
Reihe sie so aneinander, dass du richtige, vollständige Wörter erhältst.
Wähle für den Anfang das Kärtchen mit dem Pfeil ➔

▶ Zwischen den Wörtern stehen einzelne Großbuchstaben.
Lies diese Buchstaben nun von hinten nach vorn.
So erfährst du, wen Kevin auf der Welt am liebsten mag.

▶ Wer ist es? Schreibe es auf deine *Rally Card*.

▶ Räume alle Karten wieder sorgfältig in den Umschlag.

Station 4 — Family

▶ Auf welchem Bild ist Lindas Familie zu sehen?
Schreibe die Lösung auf deine *Rally Card*.

Linda has got a mother, two brothers
and a grandmother.

family number 1   family number 2   family number 3

Station 5 — Family

▶ Schau auf deine *Rally Card*: Verbinde die Sprechblasen mit den richtigen Bildern.
Ein Tipp: Linda sieht ihrer Mutter und ihrem Vater ähnlich!

This is my mother.

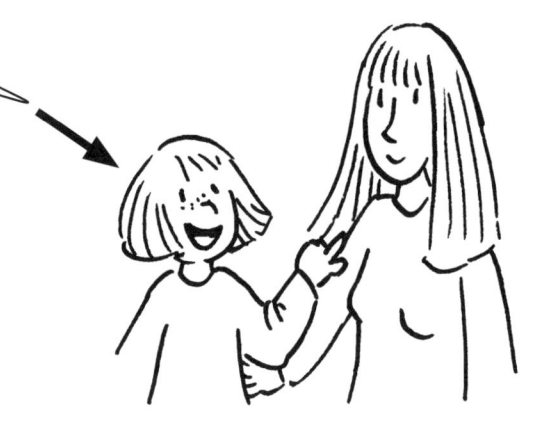

Station 6 — Family

▶ Hier sind Bilder von Tims Familie und von Tinas Familie. Beschreibe sie auf der *Rally Card*: Fülle die Lücken.

Tim's family

Tina's family

Domino-Spiel zu Station 3 — Family

➜	**R** grand	mother	**E** un	cle	**H** mo
ther	**T** fath	er	**A** sis	ter	**F** brot
her	**D** au	nt	**N** stepm	other	**A** cou
sin	**R** st	epfather **G** •			

!! Hinweis für die Lehrkraft !!

Die Dominokärtchen werden auf festes Papier kopiert, dann einzeln ausgeschnitten und in einen Briefumschlag gesteckt, damit kein Teil verloren geht. Der Umschlag wird der Stationenkarte 3 beigelegt.

Station ★ — Family

▶ **Go to your teacher.**
Geh zu deinem Lehrer oder deiner Lehrerin und hol dir das Arbeitsblatt zur Sternchenstation.
Beschreibe deine eigene Familie.

My family

I´ve got _____

_____

_____

Station ★ Arbeitsblatt — Family

▶ Beschreibe deine Familie.

Diese Wörter und Redewendungen helfen dir:

> mother • father • stepmother • stepfather • brother • sister
> uncle • aunt • cousin • grandmother • grandfather
> I've got … • I've got one … • I've got two … • I've got three …

My family

_____

_____

_____

_____

Family Rally Card   Name _____

Station 1

u	s	e	i	b	r	o	t	h	e	r	z
n	i	o	n	g	y	w	e	t	l	b	r
c	s	g	g	r	u	l	p	p	a	n	o
l	t	o	v	a	c	d	f	b	v	z	y
e	e	x	y	n	i	i	a	u	n	t	a
g	r	a	n	d	m	o	t	h	e	r	m
w	o	w	i	f	o	w	h	v	h	x	o
u	n	n	f	a	t	h	e	r	s	i	t
m	u	t	u	t	n	x	r	i	e	t	h
f	k	r	o	h	c	o	u	s	i	n	e
n	u	s	t	e	p	m	o	t	h	e	r
m	a	m	i	r	p	a	p	p	i	x	z

Station 2

ANDY   BARBARA   KEVIN   SANDRA

Andy: This is my _____.   *Barbara:* This is my _____.

Kevin: This is my _____.   *Sandra:* This is my _____.

Station 3

Kevin's favourite person

is his _____.

29

Family Rally Card

Station 4

Linda's family is family number _____.

Station 5

This is my aunt.

This is my mother.

This is my uncle.

This is my father.

Station 6

Tim has got a _____. Tina has got a _____.

Tim has got a _____. Tina has got a _____.

Tim has got two _____. Tina has got two _____.

Station 1 Lösung — Family

So solltest du die Wörter im Wortgitter einkreisen:

u	s	e	i	b	r	o	t	h	e	r	z
n	i	o	n	g	y	w	e	t	l	b	r
c	s	g	g	r	u	l	p	p	a	n	o
l	t	o	v	a	c	d	f	b	v	z	y
e	e	x	y	n	i	i	a	u	n	t	a
g	r	a	n	d	m	o	t	h	e	r	m
w	o	w	i	f	o	w	h	v	h	x	o
u	n	n	f	a	t	h	e	r	s	i	t
m	u	t	u	t	n	x	r	i	e	t	h
f	k	r	o	h	c	o	u	s	i	n	e
n	u	s	t	e	p	m	o	t	h	e	r
m	a	m	i	r	p	a	p	p	i	x	z

Station 2 Lösung — Family

So solltest du die Wörter eintragen:

Andy: This is my **mother**.   *Barbara:* This is my **father**.

Kevin: This is my **sister**.   *Sandra:* This is my **brother**.

Station 3 Lösung — Family

Diese Wörter liest du, wenn du die Kärtchen richtig aneinanderlegst:

➜ grandmother – uncle – mother – father – sister – brother – aunt – stepmother – cousin – stepfather •

Lösungswort: GRANDFATHER

Station 4 Lösung — Family

Diese Lösung ist richtig:

Linda's family is family number **1**.

Station 5 *Lösung* — Family

So gehören Bilder und Sprechblasen zusammen:

- This is my aunt.
- This is my mother.
- This is my uncle.
- This is my father.

Station 6 *Lösung* — Family

So solltest du die Lücken füllen:

Tim has got a **mother**. Tina has got a **mother**.

Tim has got a **father**. Tina has got a **father**.

Tim has got two **sisters**. Tina has got two **brothers**.

3. Stationentheke: Pets

Was wird geübt?

Wortschatz:
cat, dog, bird, fish, mouse, budgie, guinea pig, hamster, rabbit, tortoise

Redewendungen (rezeptiv):
I have got a …
My favourite pet is …
My dog and my cat are friends.
My hamster is   in / on / under / next to / in front of / behind   the box.

Stationen

Station 1: Tiere auf einem Bild erkennen und ihre Namen schreiben
Station 2: Sätze über Tiere nach einem Verschnürrätsel vervollständigen
Station 3: Aussagen über Lieblingstiere nach Bildern vervollständigen
Station 4: Einen Text lesen und danach Tiere einander zuordnen
Station 5: Präpositionen nach Bildern in Sätze ergänzen
Station 6: Bildern die passenden Sprechblasen zuordnen
Station ✶: *Draw and guess* – Bilder zeichnen und vom Partner erraten lassen

Station 1 — Pets

▶ Sechs Tiere haben sich hier versteckt. Welche?
Schreibe die englischen Tiernamen auf deine *Rally Card*.

cat, _____

Station 2 — Pets

▶ Wem gehört welches Tier?
Folge den Linien und trage deine Lösungen auf der *Rally Card* ein.

Tom has got a **budgie**.

Station 3 — Pets

▶ Jedes Kind hat ein anderes Lieblingstier. Welches?
Ergänze es auf deiner *Rally Card*.

My favourite pet is a **guinea pig**.

Station 4 — Pets

▶ Tom erzählt, welche seiner Tiere miteinander befreundet sind. Lies den Text. Verbinde dann auf deiner *Rally Card* immer die Tiere, die Freunde sind.

My dog and my budgie are friends.

My mouse and my tortoise are friends, too.

My rabbit is the cat's best friend.

My hamster's best friend is my guinea pig.

And my fish? Its friend is a fish.

Station 5 Pets

▶ Schau dir die Bilder genau an. Vervollständige dann die Sätze auf deiner *Rally Card*.

The ___*dog*___ is **in** the box.

Station 6 Pets

▶ Jede dieser Sprechblasen passt zu einem Kind auf deiner *Rally Card*. Trage die Sätze dort richtig ein.

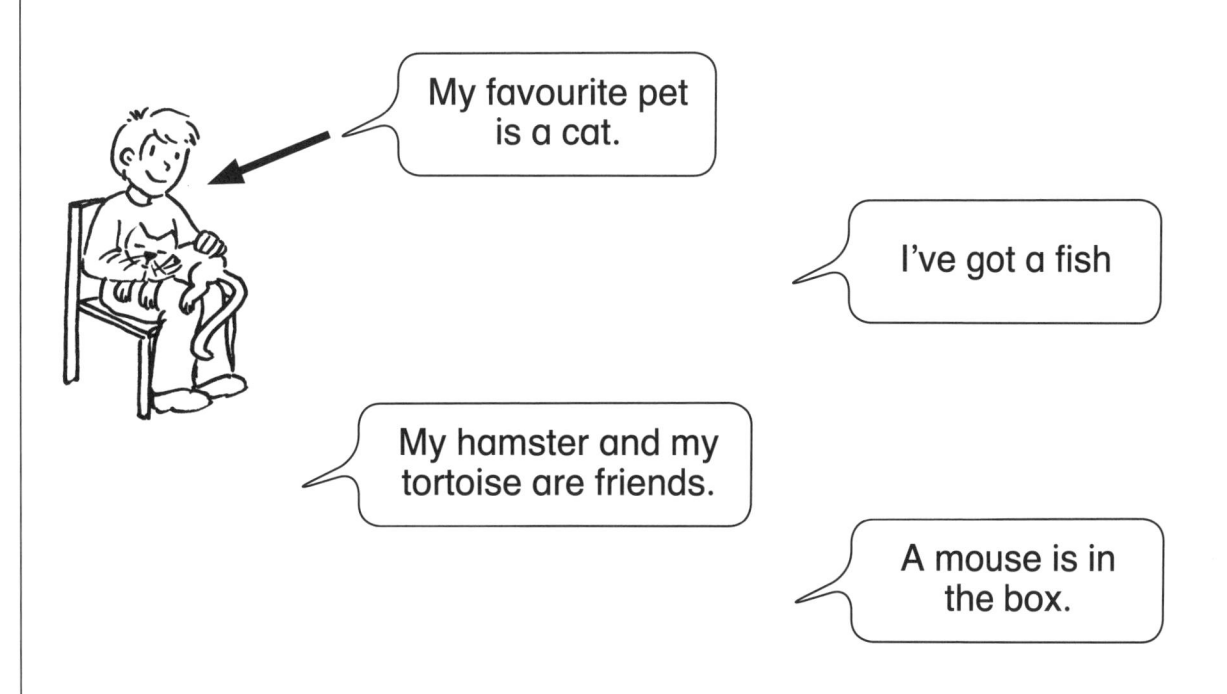

My favourite pet is a cat.

I've got a fish

My hamster and my tortoise are friends.

A mouse is in the box.

Station ★ — Pets

▶ *Go to your teacher.*

Lass dir das Spiel *Draw and guess* erklären.

Suche dir einen oder zwei Spielpartner.

Ihr braucht Papier und einen Bleistift.

Viel Spaß!

!! Hinweis für die Lehrkraft !!

Spielanleitung zu *Draw and guess*:

Die Lehrkraft beginnt, ein Tier zu zeichnen.

Die Schülerin/der Schüler fragt: ***"Is it a budgie? Is it a dog? …"***

Sie/er fragt so lange weiter, bis die Antwort ***"yes, it is"*** lautet.

Jetzt spielen die Kinder selbstständig zu zweit oder zu dritt weiter.

Pets Rally Card   Name _____

Station 1

_____   _____   _____

_____   _____   _____

_____

Station 2

Tom has got a _____.
Ella has got a _____.
Fiona has got a _____.
Arnold has got a _____.
Linda has got a _____.
Mick has got a _____.

Station 3

| My favourite pet is a _____. | My favourite pet is a _____. | My favourite pet is a _____. | My favourite pet is a _____. | My favourite pet is a _____. |

Pets Rally Card

Station 4

Station 5

The _____ is in the box.
The _____ is on the box.
The _____ is next to the box.
The _____ is under the box.
The _____ is behind the box.
The _____ is in front of the box.

Station 6

Station 1 *Lösung* — Pets

Diese Tiere solltest du finden:

cat   *hamster*   *tortoise*

fish (goldfish)   *budgie* (bird)   *rabbit*

Station 2 *Lösung* — Pets

So gehören Kinder und Tiere zusammen:

Tom has got a **budgie** (bird).

Ella has got a **fish** (goldfish).

Fiona has got a **mouse**.

Arnold has got a **dog**.

Linda has got a **tortoise**.

Mick has got a **guinea pig**.

Station 3 *Lösung* — Pets

Dies sind die Lieblingstiere der Kinder:

- My favourite pet is a **dog**.
- My favourite pet is a **mouse**.
- My favourite pet is a **rabbit**.
- My favourite pet is a **cat**.
- My favourite pet is a **hamster**.

Station 4 *Lösung* — Pets

Diese Tiere sind miteinander befreundet:

Station 5 *Lösung* — Pets

So sollten deine Sätze aussehen:

The **dog** is **in** the box.
The **budgie** (bird) is **on** the box.
The **mouse** is **next to** the box.
The **tortoise** is **under** the box.
The **rabbit** is **behind** the box.
The **guinea pig** is **in front of** the box.

Station 6 *Lösung* — Pets

So gehören Kinder und Sprechblasen zusammen:

- My favourite pet is a cat.
- My hamster and my tortoise are friends.
- A mouse is in the box.
- I've got a fish.

4. Stationentheke: At school

Was wird geübt?

Wortschatz:
rubber, pen, pencil case, ruler, pencil, school bag, pen, glue, pencil sharpener, biro

Redewendungen (rezeptiv):
Have you got ...?
... has got ...
Yes, I have./No, I haven't.

Stationen

Station 1: Passende Wörter von unpassenden unterscheiden
Station 2: Zu Gegenständen passende Wörter finden
Station 3: Text und Bild zuordnen
Station 4: Genau lesen, verstehen und zuordnen
Station 5: Ein Kreuzworträtsel lösen
Station 6: Zähl- und Schreibaufgabe
Station ✯: Fragespiel

Station 1 — At school

▶ Was gehört in eine Schultasche und was nicht?
Male auf der *Rally Card* einen Kreis um alles, was hineingehört.

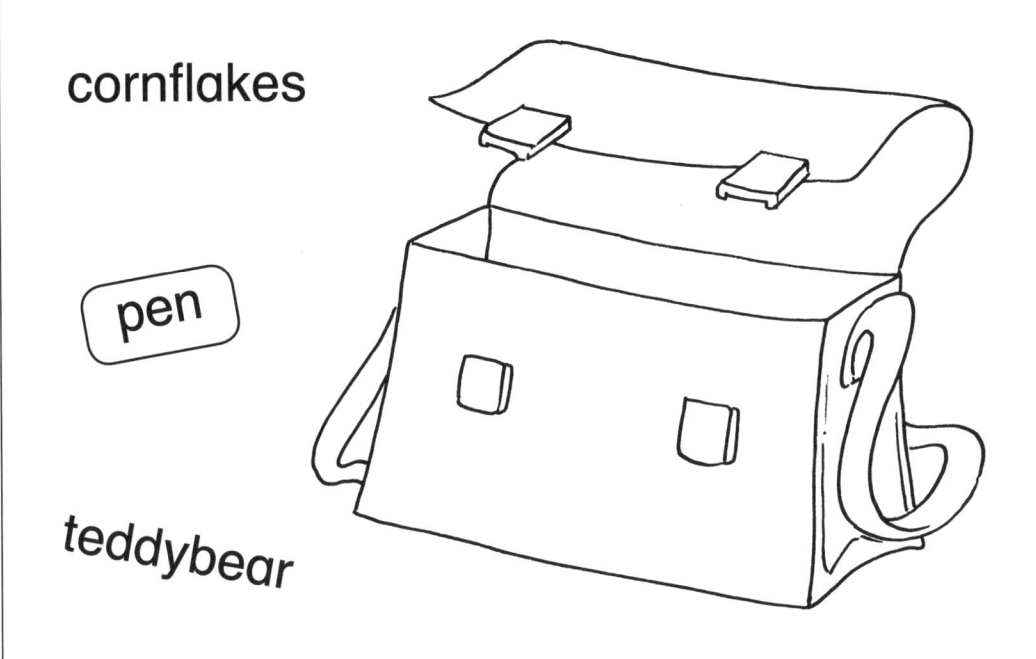

cornflakes

pen

teddybear

✂--

Station 2 — At school

▶ Lilly hat aufgeschrieben, was sie in ihre Schultasche packen will. Auf dem Tisch hat sie schon einiges bereitgelegt. Was siehst du? Nimm die *Rally Card* und trage die Ziffern in die richtigen Kästchen ein.

☐ pencil

[1] ruler

☐ scissors

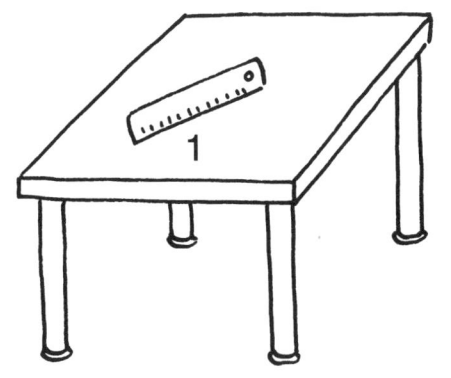

Station 3 — At school

▶ Finde heraus, wie die Kinder heißen. Lies die Sätze und trage die Namen richtig auf deiner *Rally Card* ein.

Alec

Alec has got a book.

Bert has got a pencil sharpener.

Barry has got a rubber.

Janet has got a schoolbag.

Jill has got a pen.

Eve has got a pencil case.

Station 4 — At school

▶ Wem gehören die Federmäppchen? Ziehe Pfeile auf der *Rally Card*.

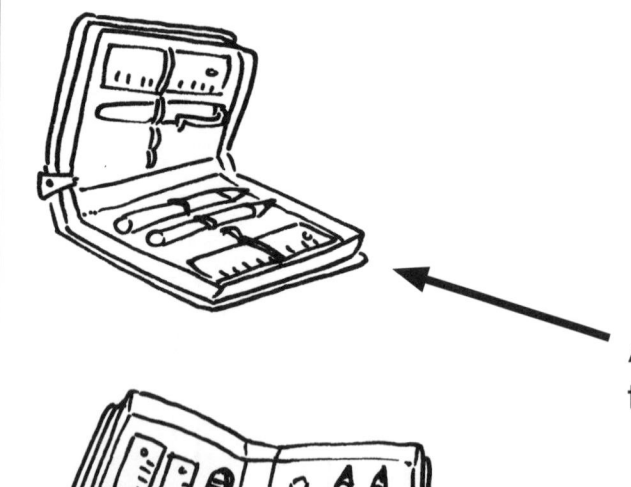

Alan has got a pencil case with two pencils, a pen and two rulers.

Station 5 — At school

▶ Welche Farbe hat Sheryls Schal? Löse das Kreuzworträtsel auf deiner *Rally Card*, dann erfährst du es.
Male den Schal richtig an.

b i r o

Station 6 — At school

▶ Zähle die Gegenstände der gleichen Sorte.
Fülle dann die Lücken auf deiner *Rally Card*.

three **rubbers**

Station ★ — At school

▶ **Go to your teacher.**
Such dir einen Mitspieler für ein Fragespiel. Geht zusammen zu eurem Lehrer oder eurer Lehrerin und lasst euch das Spiel erklären.

*glue • schoolbag • pencil • pencil case
pencil sharpener • rubber • ruler
pen • scissors • book • biro*

!! Hinweise für die Lehrkraft !!

Die Lehrkraft erklärt den Kindern das Spiel:
Aus den vorgegebenen Wörtern auf der Stationenkarte wählt jedes Kind drei Wörter aus und schreibt sie in die leeren Kästchen – ohne dass der Partner oder die Partnerin die Wörter sieht.

Der/die Ältere beginnt. Er/sie versucht, die Wörter des Partners zu erraten, und fragt: **"Have you got a ...?"**

Befindet sich das erfragte Wort in einem der Kästchen, so lautet die Antwort: **"Yes, I have"**, und das betreffende Wort wird durchgestrichen. Der Frager hat einen weiteren Versuch.

Tippt er/sie daneben, so lautet die Antwort: **"No, I haven't."** Nun ist sein Gegenüber an der Reihe.

Wer am schnellsten alle drei Wörter des Mitspielers erraten hat, gewinnt!

✎ Die Schüler können das Spiel mehrmals spielen, wenn sie mit Bleistift schreiben.

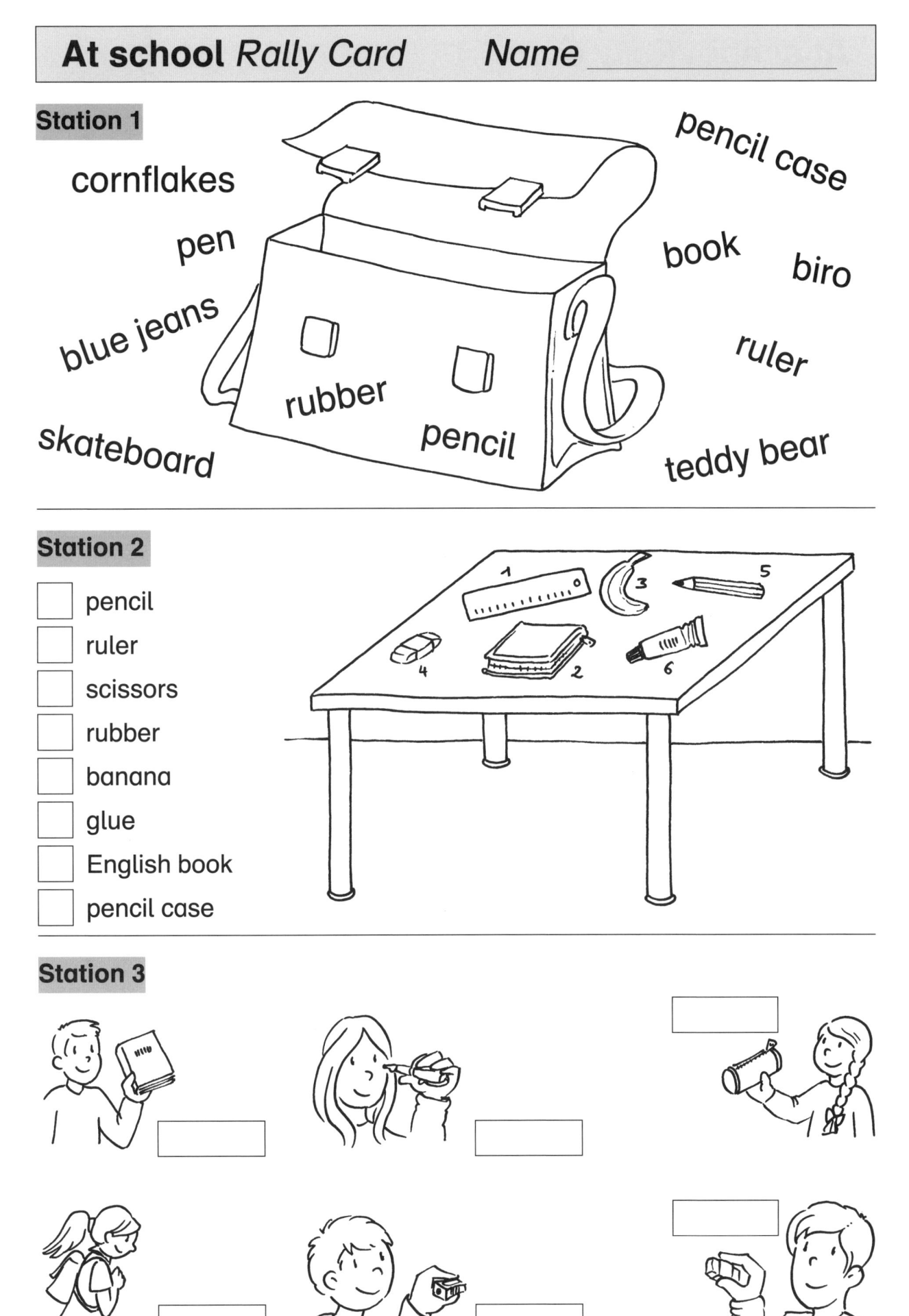

At school Rally Card   Name _____

Station 1

cornflakes
pen
blue jeans
skateboard
pencil case
book
biro
ruler
rubber
pencil
teddy bear

Station 2

☐ pencil
☐ ruler
☐ scissors
☐ rubber
☐ banana
☐ glue
☐ English book
☐ pencil case

Station 3

At school Rally Card

Station 4

In Dave's pencil case there are two pens, a pencil sharpener, a glue and a rubber.

Alan has got a pencil case with two pencils, a pen and two rulers.

In Christine's pencil case there are a ruler, two rubbers, two pencils and a glue.

Fred has got a pencil case with three pencils, a pen and two rulers.

Station 5

b i r o

Sheryl's scarf is

_____.

Station 6

three _____   five _____

eight _____   two _____

four _____   six _____

Station 1 *Lösung* — At school

So muss die Lösung aussehen:

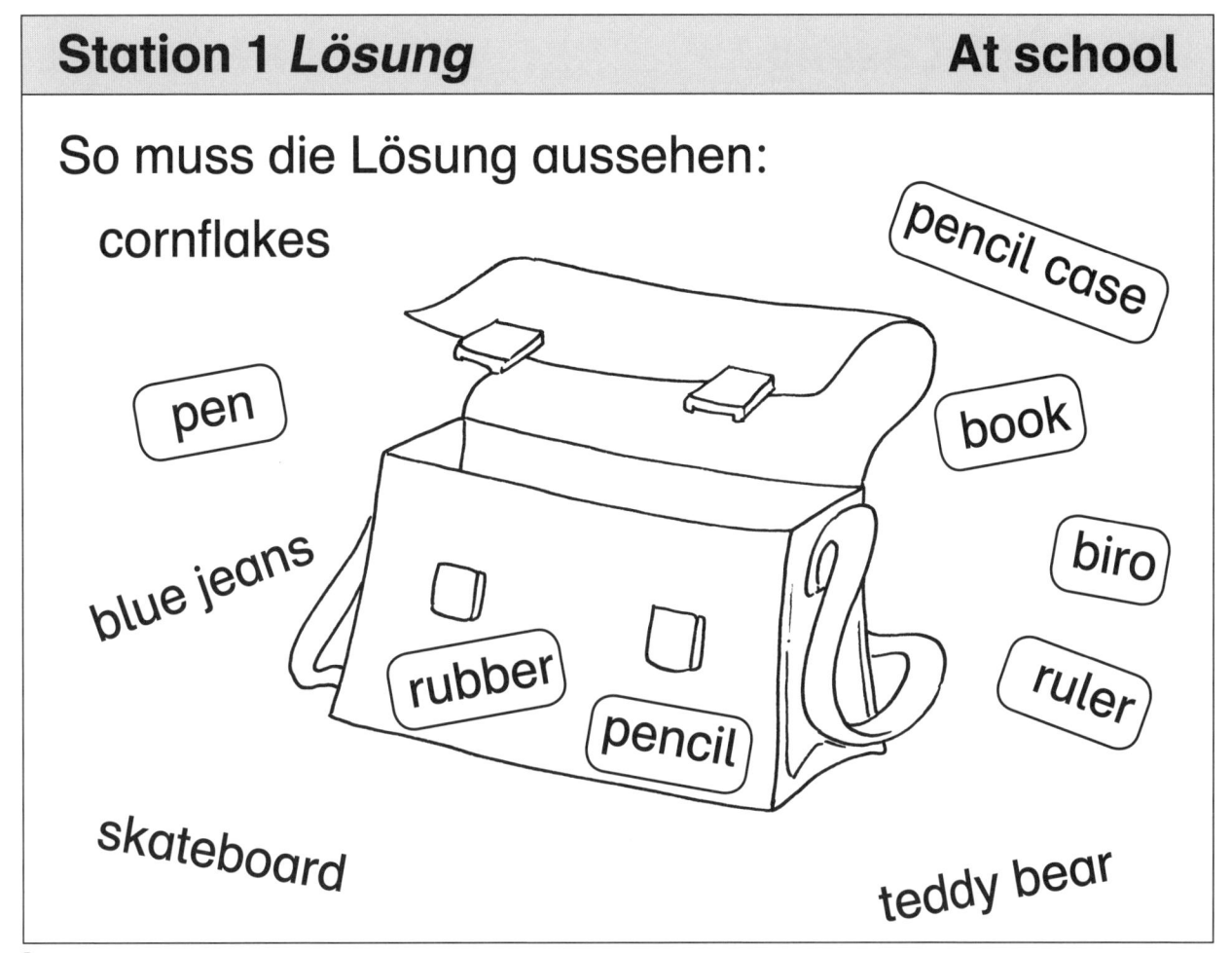

cornflakes
pencil case
pen
book
blue jeans
biro
rubber
pencil
ruler
skateboard
teddy bear

Station 2 *Lösung* — At school

So solltest du die Zahlen eintragen:

- [5] pencil
- [1] ruler
- [ ] scissors
- [4] rubber
- [3] banana
- [6] glue
- [ ] English book
- [2] pencil case

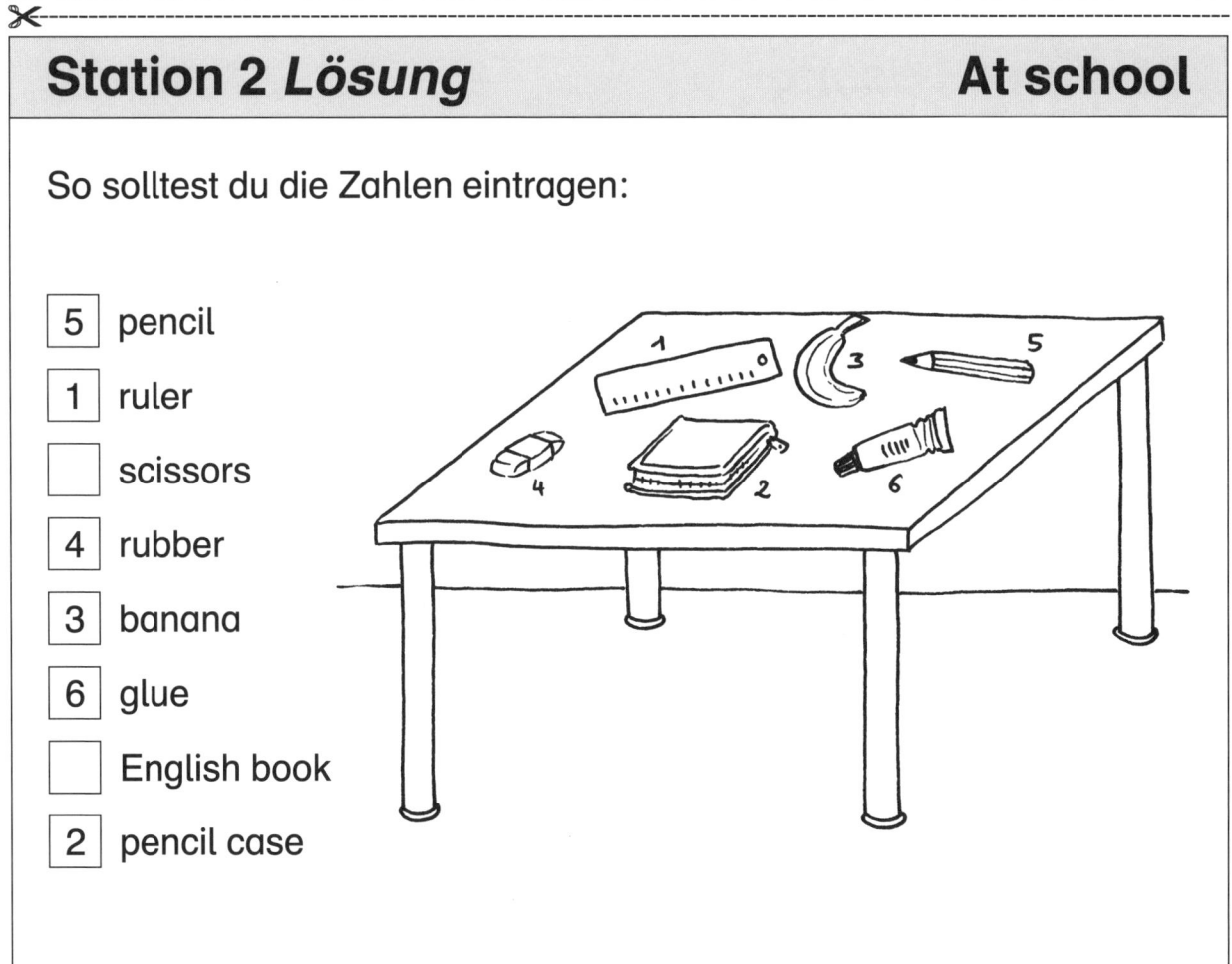

Station 3 Lösung — At school

Diese Lösung ist richtig:

Alec — He has got a book.

Jill — She has got a pen.

Eve — She has got a pencil case.

Janet — She has got a schoolbag.

Bert — He has got a pencil sharpener.

Barry — He has got a rubber.

Station 4 Lösung — At school

So solltest du die Pfeile ziehen:

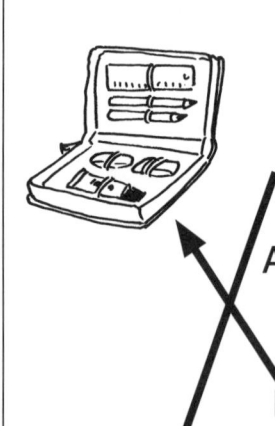

In Dave's pencil case there are two pens, a pencil sharpener, a glue and a rubber.

Alan has got a pencil case with two pencils, a pen and two rulers.

In Christine's pencil case there are a ruler, two rubbers, two pencils and a glue.

Fred has got a pencil case with three pencils, a pen and two rulers.

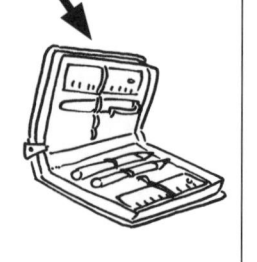

Station 5 *Lösung*   At school

So erhältst du das richtige Lösungswort:

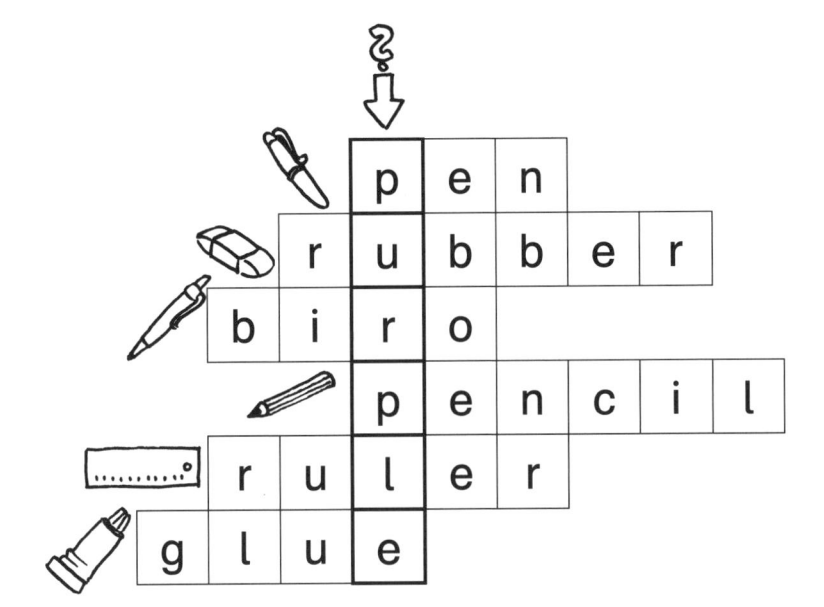

	p	e	n		
r	u	b	b	e	r
b	i	r	o		
	p	e	n	c	i	l
r	u	l	e	r	
g	l	u	e		

Sheryl's scarf is **purple**.

Station 6 *Lösung*   At school

Hier siehst du, ob du richtig gezählt hast:

three **rubbers**   five **pencils**

eight **pens**   two **rulers**

four **pencil cases**   six **school bags**

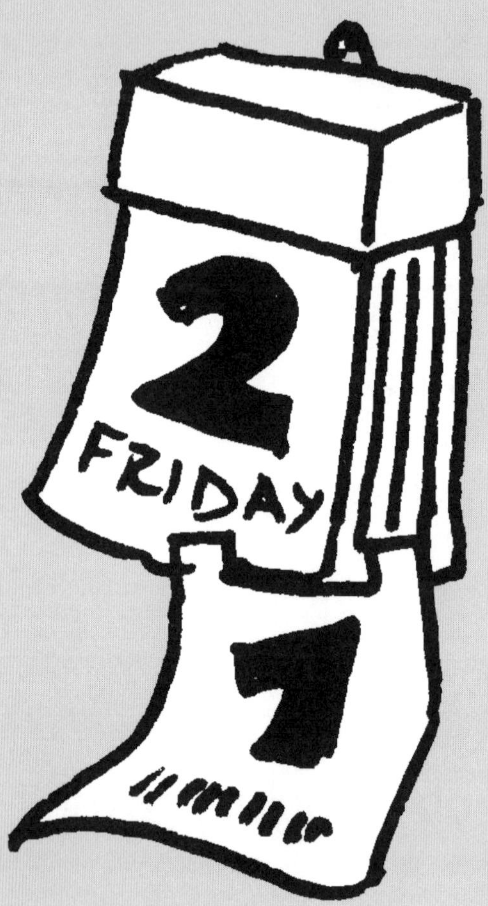
2
FRIDAY
1

5. Stationentheke: The days of the week

Was wird geübt?

Wortschatz:
Monday, Tuesday, Wednesday, Thursday, Friday, Saturday, Sunday
black, white, grey, red, blue, green, yellow

Redewendungen (rezeptiv):
Ann will meet ... on Monday.
... takes his car.
... was wearing a T-shirt.

Stationen

Station 1: Die Namen der Wochentage ergänzen und in die richtige Reihenfolge bringen
Station 2: Wochentage lesen und ihren Vortag und Folgetag benennen
Station 3: Wochentage erlesen und ein Bild dazu ausmalen
Station 4: Einem Verschnürrätsel folgen und danach Sätze vervollständigen
Station 5: Ein kleines Kreuzworträtsel lösen
Station 6: Einen Text lesen und danach eine mehrschrittige Anleitung ausführen
Station ★: Bilder einem Hörtext zuordnen

!! Hinweis !!
Zur Vorbereitung: Auf den Lösungsblättern müssen bei **Station 3** die T-Shirts und bei **Station 6** die Autos den Aufgaben entsprechend ausgemalt werden.

Station 1 — The days of the week

▶ Auf deiner *Rally Card* siehst du die Namen der Wochentage als Lückenwörter. Ergänze die fehlenden Buchstaben.
Und nun ordne die Wochentage der Reihe nach. Montag ist die Nummer 1. Trage die Nummern in die Kreise ein.

(5) F r i d a y

(7) S

Station 2 — The days of the week

▶ Auf deiner *Rally Card* stehen die Namen einiger Wochentage. Schreibe den Tag vor und nach diesen Wochentagen hinzu.

Monday   Tuesday   *Wednesday*

Station 3 — The days of the week

▶ Hier kannst du nachlesen, welche T-Shirts Mona letzte Woche getragen hat.
Ergänze auf deiner *Rally Card* die Namen der Wochentage und male die T-Shirts dazu in den richtigen Farben an.

On **Monday** Mona was wearing a **black** T-shirt.

On **Tuesday** Mona was wearing a **red** T-shirt.

On **Wednesday** Mona was wearing a **white** T-shirt.

On **Thursday** Mona was wearing a **blue** T-shirt.

On **Friday** Mona was wearing a **green** T-shirt.

On **Saturday** Mona was wearing a **grey** T-shirt.

On **Sunday** Mona was wearing a **yellow** T-shirt.

Monday

Station 4 — The days of the week

▶ Ann verabredet sich für jeden Tag der Woche mit einem Freund oder einer Freundin. Wen trifft sie wann? Folge den „Telefondrähten" und trage die Wochentage auf deiner *Rally Card* ein.

BILL   FIONA   MELL   LESLIE   TIM   ELLA   ROB

Let's meet on Thursday.
Let's meet on Saturday.
Let's meet on Wednesday.
Let's meet on Friday.
Let's meet on Monday.
Let's meet on Sunday.
Let's meet on Tuesday.

Ann will meet Bill on **Wednesday**.

Station 5 — The days of the week

▶ **Löse** das Kreuzworträtsel auf deiner *Rally Card*. Finde zu jeder Zahl den passenden Wochentag. Der Tag **1** ist **Monday**.

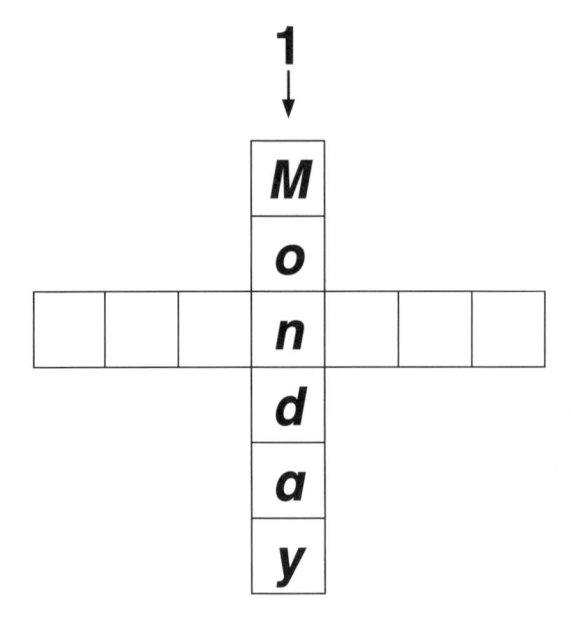

```
        1
        ↓
       ┌─┐
       │M│
       ├─┤
       │o│
   ┌─┬─┼─┼─┬─┐
   │ │ │n│ │ │
   └─┴─┼─┼─┴─┘
       │d│
       ├─┤
       │a│
       ├─┤
       │y│
       └─┘
```

Station 6 — The days of the week

▶ **Lies** unten nach, wann Autohändler Quick mit welchem Auto fährt. **Male** dann die Autos auf deiner *Rally Card* in den angegebenen Farben an. **Schreibe** zu jedem Auto den passenden Wochentag.

*Mr Quick takes his **black** car on **Monday**.*

*Mr Quick takes his **blue** car on **Friday**.*

*Mr Quick takes his **green** car on **Saturday**.*

*Mr Quick takes his **grey** car on **Wednesday**.*

*Mr Quick takes his **yellow** car on **Sunday**.*

*Mr Quick takes his **white** car on **Tuesday**.*

*Mr Quick takes his **red** car on **Thursday**.*

▶ **Verbinde** die Punkte neben den Autos in der Reihenfolge der Wochentage. Beginne mit **Monday**. Was erkennst du?

Station ✯ The days of the week

▶ **Go to your teacher.**
Du bekommst ein Arbeitsblatt mit Bildern, auf denen der Junge Chris zu sehen ist.
Deine Lehrerin oder dein Lehrer liest dir vor, was Chris jeden Tag macht. Höre genau zu und schreibe unter jedes Bild den passenden Wochentag.

!! Hinweise für die Lehrkraft !!

- Kopieren Sie für jeden Schüler ein Arbeitsblatt (siehe Seite 60).
- Lesen Sie die folgenden Sätze immer wieder vor.
  Die Schlüsselwörter, die bei Bedarf leicht betont werden können, sind im Text fett gedruckt.
- Jedes Kind darf beliebig oft zuhören, bis es seine Lösungen – die Wochentage – vollständig auf dem Arbeitsblatt notiert hat.

*On Monday Chris meets his **friend Emma**.*

*On Tuesday Chris goes to the **swimming pool**.*

*On Wednesday Chris takes the **dog** for a walk.*

*On Thursday Chris **sings** with his band.*

*On Friday Chris eats with his **grandfather**.*

*On Saturday Chris plays **tennis**.*

*On Sunday Chris plays **football**.*

Station ★   The days of the week

The days of the week
Rally Card   Name _____

Station 1

○ _ r _ d _ y

○ T _ u _ s _ a _

○ _ u _ d _ y

○ M _ n _ a _

○ _ u _ s _ a _

○ W _ d _ e _ d _ y

○ S _ t _ r _ a _

Station 2

_____ Tuesday _____

_____ Thursday _____

_____ Sunday _____

_____ Friday _____

_____ Monday _____

Station 3

M _____

T _____

W _____

Th _____

F _____

S _____

S _____

The days of the week *Rally Card*

Station 4

Ann will meet **Bill** on _____.

Ann will meet **Fiona** on _____.

Ann will meet **Mell** on _____.

Ann will meet **Leslie** on _____.

Ann will meet **Tim** on _____.

Ann will meet **Ella** on _____.

Ann will meet **Rob** on _____.

Station 5

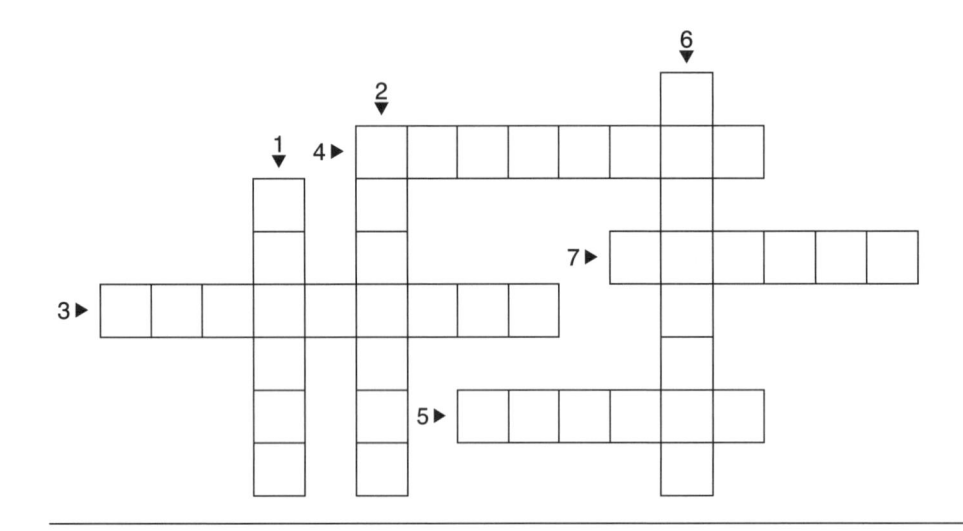

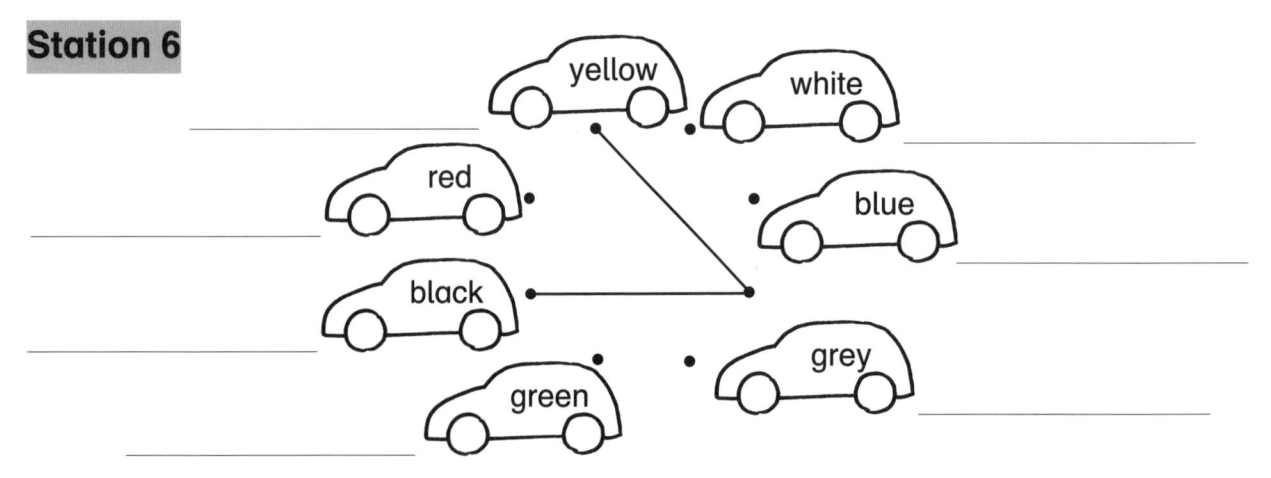

Station 6

Lösungsfigur:

☐ star   ☐ house   ☐ pencil

Station 1 Lösung — The days of the week

So solltest du die Karten ergänzen:

- ⑤ Fr_i_d_ay
- ④ T_h_ursd_ay
- ⑦ S_u_nd_ay
- ① M_o_nd_ay
- ③ We_d_n_e_sd_ay
- ② T_u_esd_ay
- ⑥ S_a_t_u_rd_ay

Station 2 Lösung — The days of the week

So solltest du die Zeilen ausfüllen:

Monday	Tuesday	**Wednesday**
Wednesday	Thursday	**Friday**
Saturday	Sunday	**Monday**
Thursday	Friday	**Saturday**
Sunday	Monday	**Tuesday**

Station 3 Lösung — The days of the week

So sollte deine Lösung aussehen:

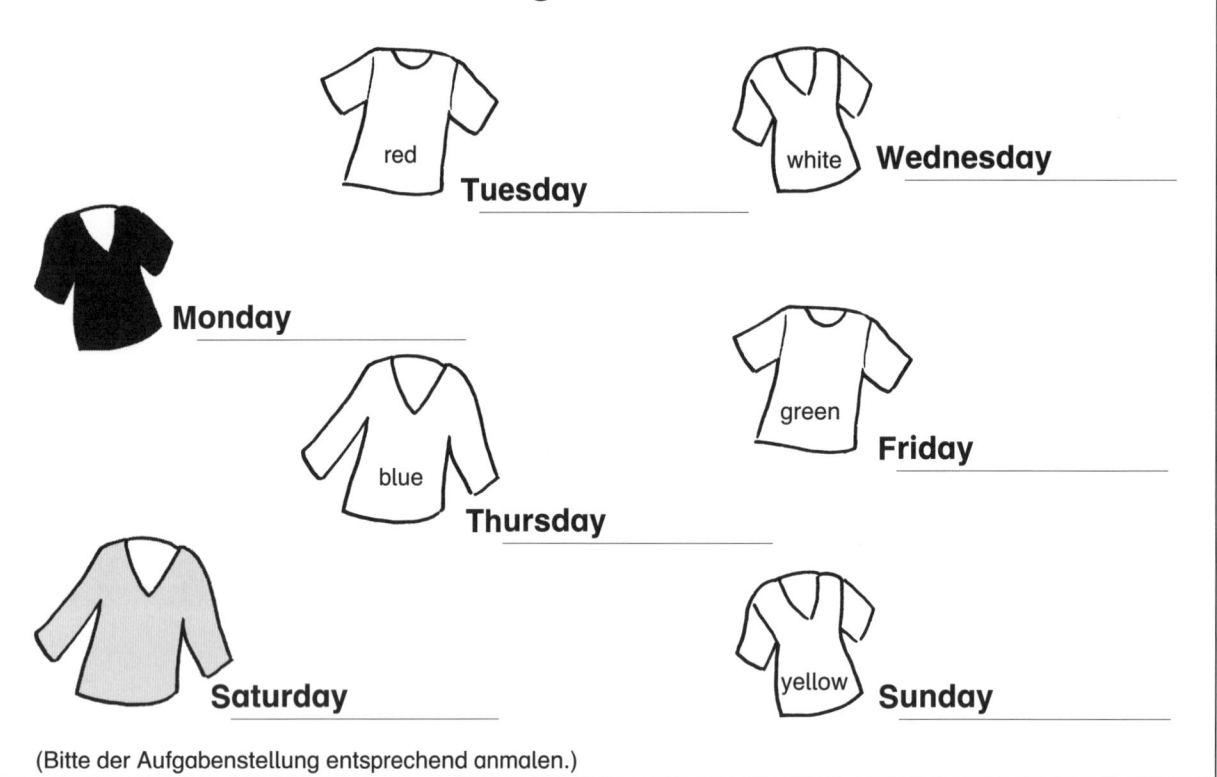

- red — Tuesday
- white — Wednesday
- Monday (black shirt)
- blue — Thursday
- green — Friday
- Saturday (grey shirt)
- yellow — Sunday

(Bitte der Aufgabenstellung entsprechend anmalen.)

Station 4 Lösung — The days of the week

So solltest du die Sätze vervollständigen:

Ann will meet Bill **on Wednesday**.

Ann will meet Fiona **on Monday**.

Ann will meet Mell **on Tuesday**.

Ann will meet Leslie **on Sunday**.

Ann will meet Tim **on Thursday**.

Ann will meet Ella **on Saturday**.

Ann will meet Rob **on Friday**.

Station 5 Lösung — The days of the week

So solltest du das Kreuzworträtsel ausfüllen:

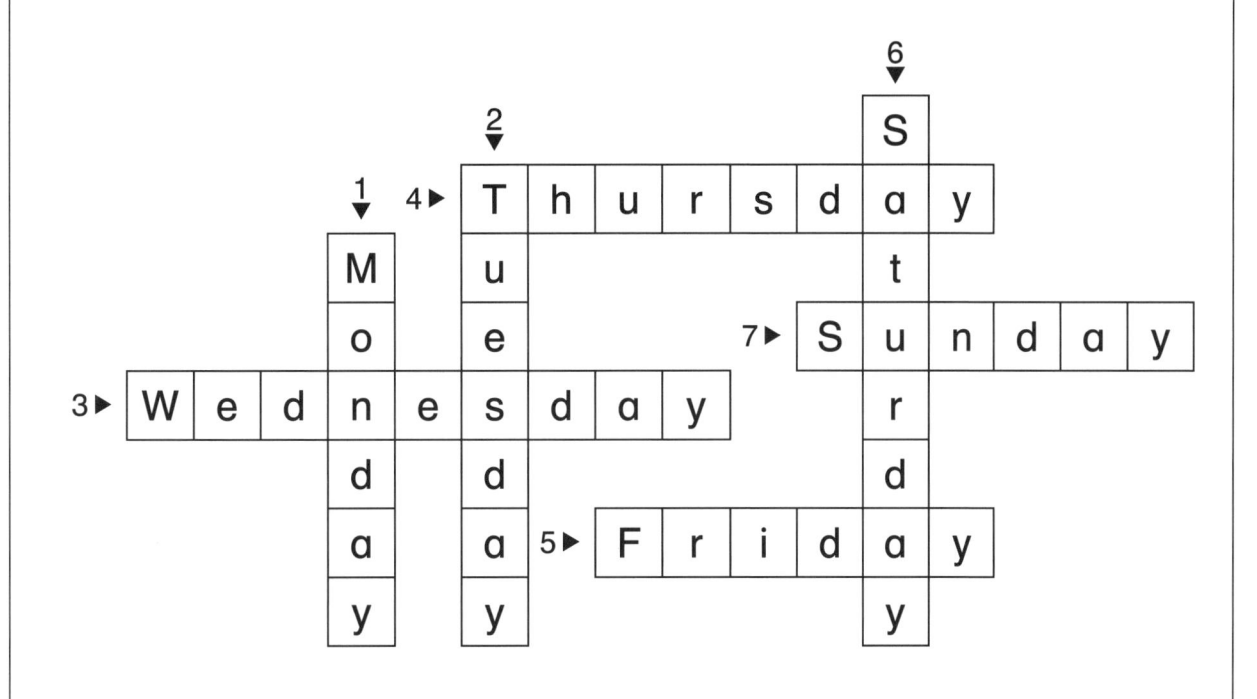

				2↓				6↓			
		1↓	4▶	T	h	u	r	s	d	a	y
		M	u					t			
		o	e			7▶	S	u	n	d	a	y
3▶	W	e	d	n	e	s	d	a	y		r
		d		d				d		
		a		a	5▶	F	r	i	d	a	y
		y		y				y		

Station 6 Lösung — The days of the week

Hier siehst du, ob du richtig gezählt hast:

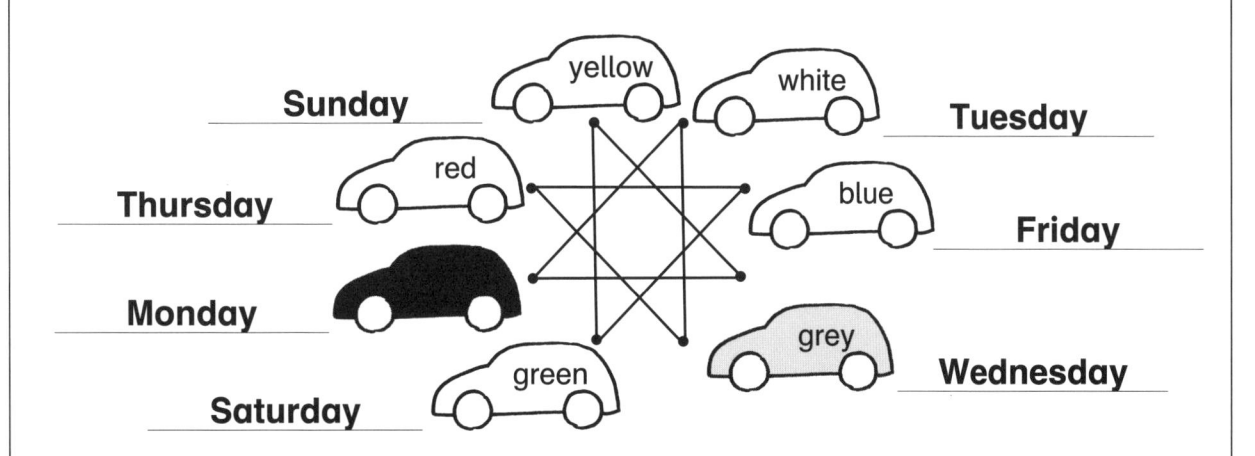

- Sunday — yellow
- Tuesday — white
- Thursday — red
- Friday — blue
- Monday — black
- Wednesday — grey
- Saturday — green

Lösungsfigur:
[X] star   [ ] house   [ ] pencil

(Bitte die Autos der Aufgabenstellung entsprechend anmalen.)

6. Stationentheke: Clothes

Was wird geübt?

Wortschatz:
skirt, tights, blouse, jeans, T-shirt, shorts, scarf, coat, cap, pullover, jacket, anorak, dress, shoes, boots
(red, green, orange, yellow, pink, blue, white, brown, purple, grey, black)

Redewendungen (rezeptiv):
He is wearing ...

Stationen

Station 1: Namen von Kleidungsstücken vervollständigen, Kenntnis der Wörter überprüfen
Station 2: Ein Kreuzworträtsel mit Namen von Kleidungsstücken lösen
Station 3: Bilder nach schriftlicher Anleitung farbig ausmalen
Station 4: Namen von Kleidungsstücken in einem Wortgitter finden
Station 5: Zu einem Bild die passende Sprechblase finden und den Text eintragen
Station 6: Aufschreiben, welche Kleidungsstücke die Personen auf einem vorgegebenen Bild tragen
Station ✯: Aus einer Auswahl von Begriffen die richtigen heraushören und auf einem Arbeitsblatt ankreuzen

!! Hinweis !!
Das Lösungsblatt zu **Station 3** muss vorab farbig ausgemalt werden.

Station 1   Clothes

▶ Vervollständige die Wörter auf deiner *Rally Card*. Es sind Namen für Kleidungsstücke.
Welche dieser Kleidungsstücke tragen die Kinder hier auf dem Bild? Unterstreiche sie auf der *Rally Card*.

Station 2   Clothes

▶ Schau dir das Kreuzworträtsel auf deiner Rally Card an. Setze ein:

1 =
2 =
3 =
4 =
5 =
6 =
7 =
8 =

b
l
o
u
s
e

Station 3 — Clothes

▶ Lies den folgenden Text genau durch. Male dann die Kleider der Kinder auf deiner Rally Card in den richtigen Farben aus.

- **Bob** is wearing **black shoes**, **grey shorts** and a **T-shirt**, which is **purple** and **white**.

- **Naomi** is wearing a **red blouse**, a **green skirt**, **orange tights** and **yellow boots**.

- **Leslie** is wearing a **red anorak**, **blue jeans** and **brown shoes**.

Station 4 — Clothes

▶ In dem Wortgitter auf deiner *Rally Card* sind 13 Wörter für Kleidungsstücke versteckt. Suche sie heraus und kreise sie ein.

```
s h o r t s r j p
m a k i c a c m a
s i j s d f o o m
```

Station 5 — Clothes

▶ Schau dir diese Sprechblasen an. Nur eine passt zu dem Bild auf deiner *Rally Card*. Trage den passenden Text dort ein.

- She is wearing a dress.
- I am wearing a skirt.
- You are wearing my pullover.
- What's your name?

Station 6 — Clothes

▶ Schau dir die drei Kinder auf dem Bild unten an.
Schreibe auf deine Rally Card, welche Kleidungsstücke sie tragen.

Ben **Amanda** **Lisa**

Ben is wearing **jeans, a** _____.

Station ✷ — Clothes

▶ **Go to your teacher.**
Du bekommst ein Arbeitsblatt.
Deine Lehrerin oder dein Lehrer liest dir eine Reihe von Wörtern vor.
Welche dieser Wörter bezeichnen Kleidungsstücke?
Findest du sie auf deinem Arbeitsblatt? Kreuze sie an.

!! Hinweise für die Lehrkraft !!

Kopieren Sie für die Klasse das Arbeitsblatt (Seite 72).
Jeder Schüler/jede Schülerin, die mit der ✷-Stationenkarte zu Ihnen kommt, erhält ein Exemplar des Arbeitsblattes.
Lesen Sie die folgenden Wörter beliebig oft vor.

anorak, tomato, jeans, kitchen, boots, elephant, teacher, dress, banana, tights, computer, pencil, pullover

Tick the clothes

Die Aufgabe der Schüler ist es, genau zuzuhören und die genannten Kleidungsstücke auf ihrem Arbeitsblatt anzukreuzen.

Station ⭐   Clothes

☐ skirt

☐ tights

☐ dress

☐ shorts

☐ boots

☐ pullover

☐ jeans

☐ T-shirt

☐ anorak

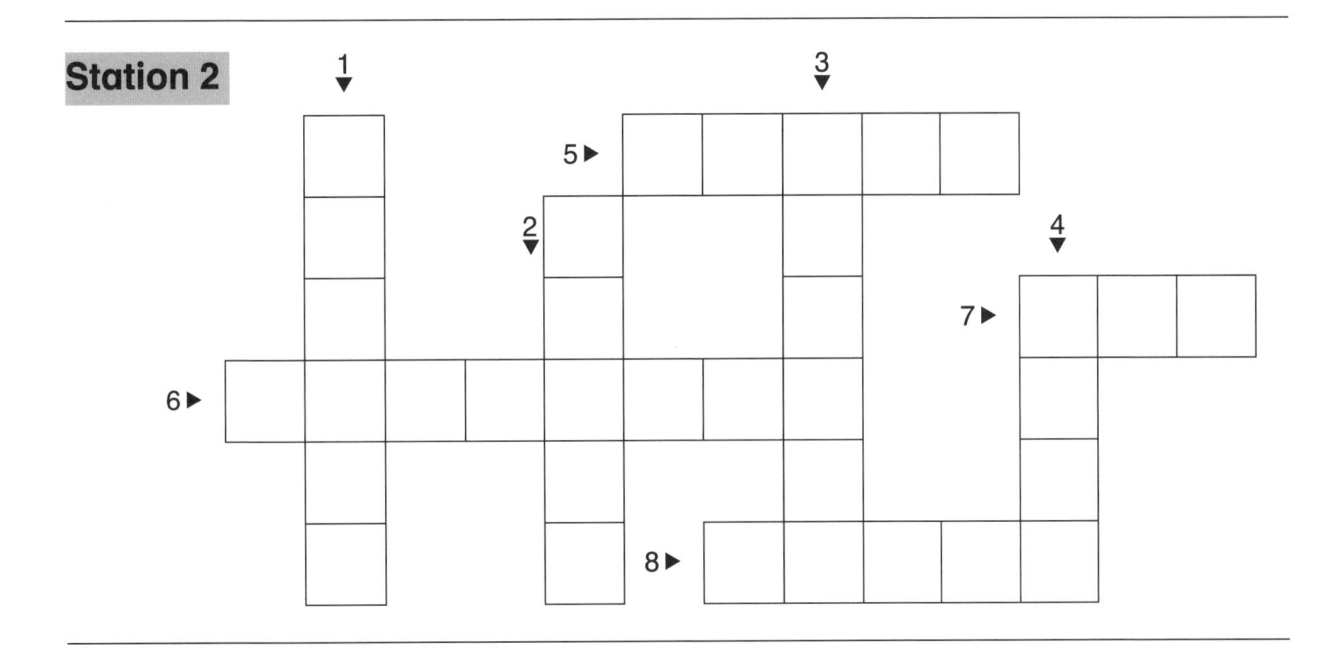

Clothes Rally Card   Name _____

Station 1

boots jacket anorak cap T-shirt

pullover shoes scarf jeans skirt

Station 2

(crossword with clues 1↓, 2↓, 3↓, 4↓, 5▶, 6▶, 7▶, 8▶)

Station 3

Bob   **Naomi**   **Leslie**

Clothes Rally Card

Station 4

```
s h o r t s  r j p u l l o v e r p o
m a k i c a c m a n t o s o e t b s
s i j s d f o o m a n t i g h t s b
c o a t r c a r p s m i a k j l d u
a c c k e a t k e k a b b c l c a p
r s k i s n n l o i d l e h i p u o
f t e a s e r s s r s o f v g l e r
b r t s a t h b r t e u o s h o e s
a o a n o r a k o t o s o t l e s k
h s t i j h g s a o t e c b o o t s
```

Station 5

Station 6

Ben is wearing _____

_____

Amanda is wearing _____

_____

Lisa is wearing _____

_____

Station 1 *Lösung* — Clothes

So sehen die vollständigen Wörter aus:

boots jacket anorak cap T-shirt

pullover shoes scarf jeans skirt

Station 2 *Lösung* — Clothes

So solltest du das Kreuzworträtsel lösen:

	1↓			3↓					
	b		5▶	s	c	a	r	f	
	l	2↓ b		n			4↓		
	o	o		o		7▶	c	a	p
6▶ p	u	l	l	o	v	e	r	o	
	s		t		a			a	
	e		s	8▶	s	k	i	r	t

Station 3 *Lösung* — Clothes

So solltest du das Bild ausmalen:

Bob **Naomi** **Leslie**

(Bitte der Aufgabenstellung entsprechend anmalen.)

Station 4 *Lösung* — Clothes

So sind die Wörter im Wortgitter versteckt:

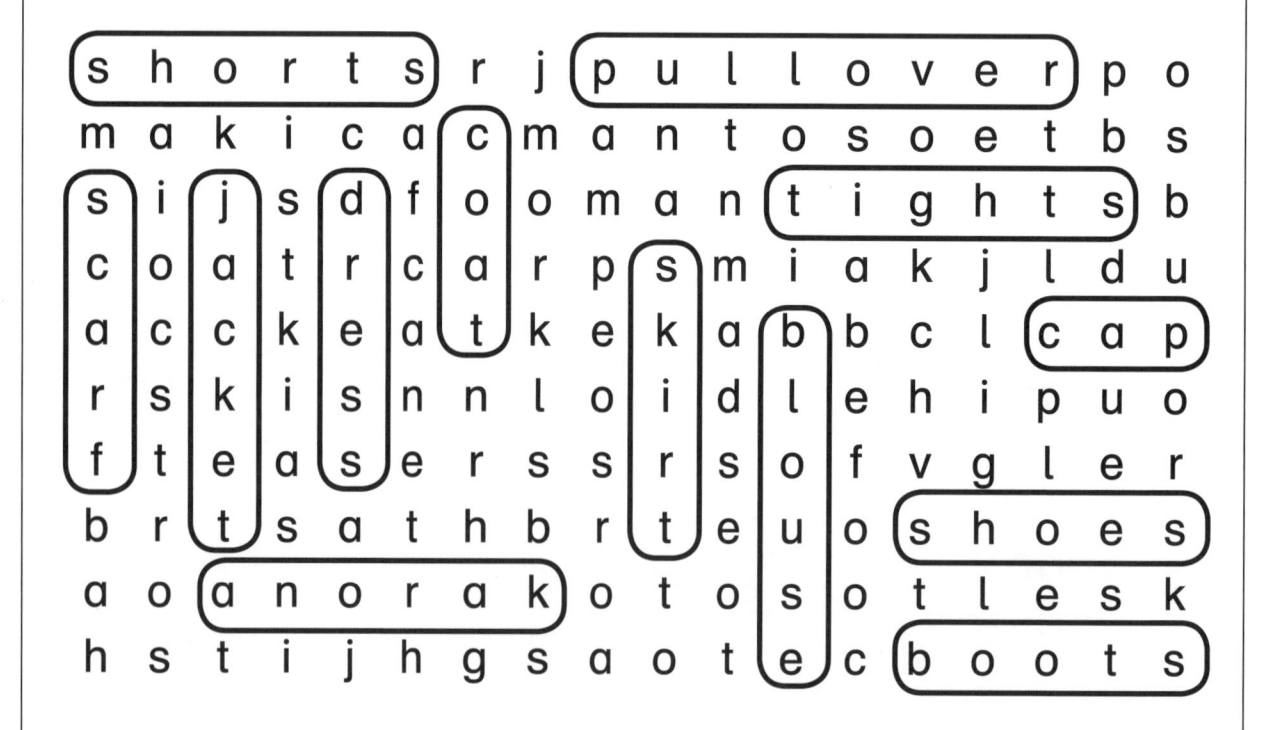

Gefundene Wörter: shorts, pullover, coat, tights, jacket, dress, skirt, blouse, cap, scarf, shoes, anorak, boots

Station 5 Lösung — Clothes

Dieser Satz gehört in die Sprechblase:

You are wearing my pullover.

Station 6 Lösung — Clothes

So solltest du die Sätze ergänzen:

Ben is wearing **jeans, an anorak, a cap, a scarf and shoes.**

Amanda is wearing **a dress, a jacket, tights and shoes.**

Lisa is wearing **a coat, a blouse, a skirt and boots.**

(Die Reihenfolge kann bei dir natürlich auch anders sein.)

7. Stationentheke: Food and drink

Was wird geübt?

Wortschatz:
soup, salad
chicken, sandwich, beef, spaghetti, fish, pizza, sausage,
chips, mashed potatoes, carrots
ice cream, fruit salad

a glass of ...
juice, coke, lemonade, milk, water

menu

Redewendungen (rezeptiv):
Can I have ..., please?
Anything else?
Here you are ...

Stationen

Station 1: Bezeichnungen für Speisen und Getränke auf einer Speisekarte vervollständigen
Station 2: Die richtigen Bezeichnungen zu abgebildeten Speisen schreiben
Station 3: Bestellung von Speisen formulieren und aufschreiben
Station 4: Verschiedene Speisen der richtigen Bestellung zuordnen
Station 5: Nach einem vorgegebenen Text Speisen und Getränke zeichnen
Station 6: Sätze zum Thema Speisenbestellung in die richtige Reihenfolge bringen
Station ✶: Rollenspiel mit einem Partner/einer Partnerin zum Thema Speisenbestellung

Station 1 — Food and drink

▶ Schau dir die Speisekarte auf deiner *Rally Card* an.
  Welche Buchstaben fehlen hier?
  Trage sie ein – dann weißt du, was es zu essen und zu trinken gibt.

Today's menu at school

sp_a_ghet_t_i

Station 2 — Food and drink

▶ Schau dir die Bilder auf deiner *Rally Card* genau an.
  Trage ein, welche Speisen du dort siehst.

chicken with ***mashed potatoes***

Station 3 — Food and drink

▶ Schau, was diese Kinder an der Essensausgabe der Schulkantine bestellt haben.
Trage auf deiner *Rally Card* ein, was sie gesagt haben.

Can I have beef with carrots and
a glass _____, please?

Station 4 — Food and drink

▶ Lies, was die Kinder in der Schulkantine bestellt haben.
Nimm deine *Rally Card* und schreibe zu jedem Tablett, wem es gehört.

Rita:
Can I have a glass of water, a sandwich and a salad, please?

Emma:
Can I have a glass of milk, soup and beef with carrots, please?

Bill:
Can I have a glass of milk, sausage with mashed potatoes and a salad, please?

Mark:
Can I have a glass of water, soup and sausage with mashed potatoes, please?

Station 5 — Food and drink

▶ Lies, was Tina heute zu Mittag isst.
Zeichne dann die Speisen und das Getränk in das Gedeck auf deiner *Rally Card*.

For lunch Tina has got
soup with sausages,
a **salad**, **fish and chips**,
an **ice cream**
and a **glass of coke**.

Station 6 — Food and drink

▶ An der Essensausgabe der Schule spricht Leon mit der Bedienung. Er bestellt eine Pizza und ein Glas Apfelsaft. Überlege dir die richtige Reihenfolge der Sätze und trage sie auf deiner *Rally Card* ein.

A glass of apple juice, please.

Can I have a pizza, please?

Anything else?

Can I help you?

Thank you.

Here you are.

Station ✯   Food and drink

▶ **Go to your teacher.**
Du bekommst die Anleitung für ein Gespräch an der Essensausgabe in einer englischen Schule.
Suche dir einen Partner und spiele das Gespräch mit ihm nach. Einer von euch spielt den Schüler/die Schülerin, der andere die Bedienung: **Let's act a dialogue!**

▶ Wenn du noch sehr unsicher bist, bitte deine Lehrerin oder deinen Lehrer, es einmal mit dir zu üben.

Station ✯ *Arbeitsblatt*   Food and drink

Bedienung	*Schüler/-in*
Frage, ob du helfen kannst.	
	Bitte um eine Speise (z. B. Fleisch mit Gemüse oder Pizza oder eine andere Speise).
Frage, ob der Schüler noch etwas möchte.	
	Bitte um ein Getränk (z. B. ein Glas Limonade oder ein Glas Milch oder ein anderes Getränk).
Hier, bitte! – Übergib im Spiel das Bestellte.	
	Bedanke dich.

Food and drink Rally Card   Name _____

Station 1

Today's menu at school

s _ a _ het _ i

ch _ _ ke _ and chi _ _ _

_ rui _ s _ la _

a g _ _ _ _ _ of l _ mon _ _ _ _

Station 2

_____ with _____

_____ with _____

_____ and _____

_____

Station 3

_____
and _____ , please?

_____
and _____ , please?

_____
and _____ , please?

Food and drink *Rally Card*

Station 4

Station 5

Station 6 Bedienung   Leon

Can I help you?

Station 1 *Lösung* — Food and drink

So solltest du die Speisekarte ergänzen:

Today's menu at school

s **p** a **g** het **t** i

ch **i c** ke **n**   and   chi **p s**

f rui **t**   s **a** la **d**

a   g **l a s s**   of   l **e** mon **a d e**

Station 2 *Lösung* — Food and drink

So solltest du die Zeilen ausfüllen:

chicken with *mashed pototoes*

soup with *sausages*

fish and *chips*

pizza

Station 3 Lösung — Food and drink

Das solltest du in die Sprechblasen eintragen:

Can I have beef with carrots and **a glass of apple juice**, please?

Can I have spaghetti and **a glass of coke**, please?

Can I have a sandwich and **a glass of lemonade**, please?

Station 4 Lösung — Food and drink

So solltest du die Namen richtig dazuschreiben:

Bill

Mark

Rita

Emma

Station 5 Lösung — Food and drink

So soll deine Zeichnung aussehen:

Station 6 Lösung — Food and drink

So solltest du die Sätze ordnen:

Bedienung — **Leon**

- Can I help you? → Can I have a pizza, please?
- Anything else? ←
- → A glass of apple juice, please.
- Here you are. ←
- → Thank you.

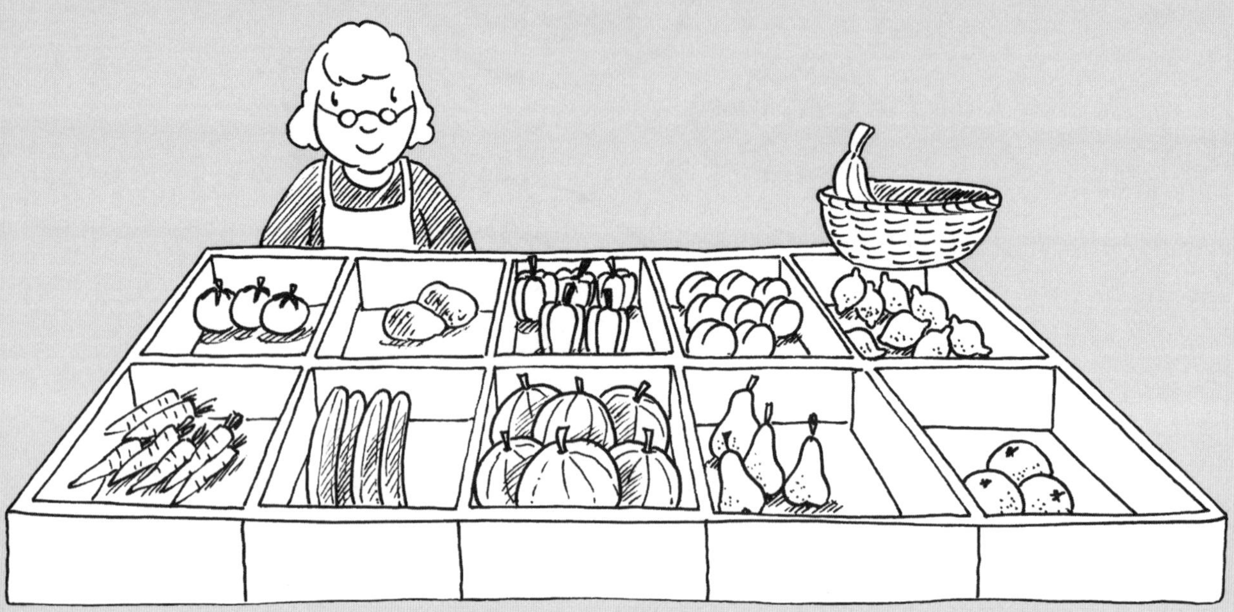

8. Stationentheke: Fruit and vegetables

Was wird geübt?

Wortschatz:
apple, orange, lemon, banana, peach,
grapes, pear, plum, cherry, melon, strawberry,
tomato, potato, carrot,
cucumber, pepper, lettuce, pea, bean, spinach

Redewendungen (rezeptiv):
I like … He/she likes …
I'd like …
He/she buys …

Stationen

Station 1: Lückenwörter ergänzen
Station 2: Wörter von einem Einkaufszettel vervollständigen und aufschreiben, ein Lösungswort finden
Station 3: Aus einer Reihe von Wörtern Bezeichnungen für Obstsorten heraussuchen
Station 4: Den richtigen Einkaufszettel auswählen
Station 5: Namen von Obst- und Gemüsesorten aufschreiben, Anzahl ausrechnen
Station 6: Ein Verschnürrätsel lösen
Station ✶: Zu zweit „What's missing?" spielen

!! Hinweis !!
Die Bildkarten für die ✶-**Station** müssen vorab vervielfältigt, ausgeschnitten und in Kuverts sortiert werden.

Station 1 — Fruit and vegetables

▶ Auf deiner *Rally Card* findest du die Namen dieser Obst- und Gemüsesorten als Lückenwörter. Fülle die Lücken.

a *p p* le

Station 2 — Fruit and vegetables

▶ Freds Einkaufszettel ist nass geworden. Die Schrift ist verwischt.
Weißt du trotzdem, was er kauft?
Schreibe es auf deine *Rally Card*.

5 apples
4 oranges
6 bananas
1 lemon
potatoes
carrots

Wenn du die verwischten Buchstaben richtig zusammensetzt, weißt du, welche Obstsorte Fred am liebsten mag.
Schreibe es auf deine *Rally Card*.

Station 3 — Fruit and vegetables

▶ Packe nur Obst in den Korb. Zeichne Pfeile auf deiner *Rally Card*.

apple

Station 4 — Fruit and vegetables

▶ Welche ist Toms Einkaufsliste?
Schreibe die Lösung auf deine *Rally Card*.

Tom wants to buy vegetables.

1. pears
   strawberries
   plums

2. spinach
   lettuce
   beans

3. cherries
   cucumbers
   melons

Station 5 Fruit and vegetables

▶ Miss Miller hatte von jeder Obst- und Gemüsesorte **10 Stück**.
Schreibe auf, wie viele sie von jeder Sorte verkauft hat.

Miss Miller sold **7 tomatoes**.

Station 6 Fruit and vegetables

▶ Welche Obst- und Gemüsesorten mögen diese Kinder?

Sarah **Sam** **Tim** **Dora** **Susan** **Tom**

| potatoes | tomatoes | cucumbers | grapes | apples | carrots |
| strawberries | cherries | oranges | peas | spinach | pears |

Station ✶   Fruit and vegetables

▶ *Go to your teacher.*
  Du brauchst einen Partner oder eine Partnerin.
  Spielt zusammen **What's missing?**

  Lass dir das Spiel von deinem Lehrer oder deiner Lehrerin erklären.

✂--

!! Hinweis für die Lehrkraft !!

Spielanleitung zu *"What's missing?"*

Die Kinder bekommen ein Päckchen mit Bildkarten (Seite 94).
Erklären Sie ihnen das Spiel.

Die Kärtchen werden auf den Tisch gelegt und genau angeschaut.
Das erste Kind sagt zu seinem Partner: *"Close your eyes"*.
Das zweite Kind schließt die Augen.
Nun nimmt das erste Kind eine Karte weg und sagt: *"Open your eyes. What's missing?"*
Das zweite Kind schaut nach und antwortet: *"The ... is/are missing."*
Wenn richtig geraten wurde, darf nun das zweite Kind die Spielführung übernehmen.

Station ★ *Bildkarten* — Fruit and vegetables

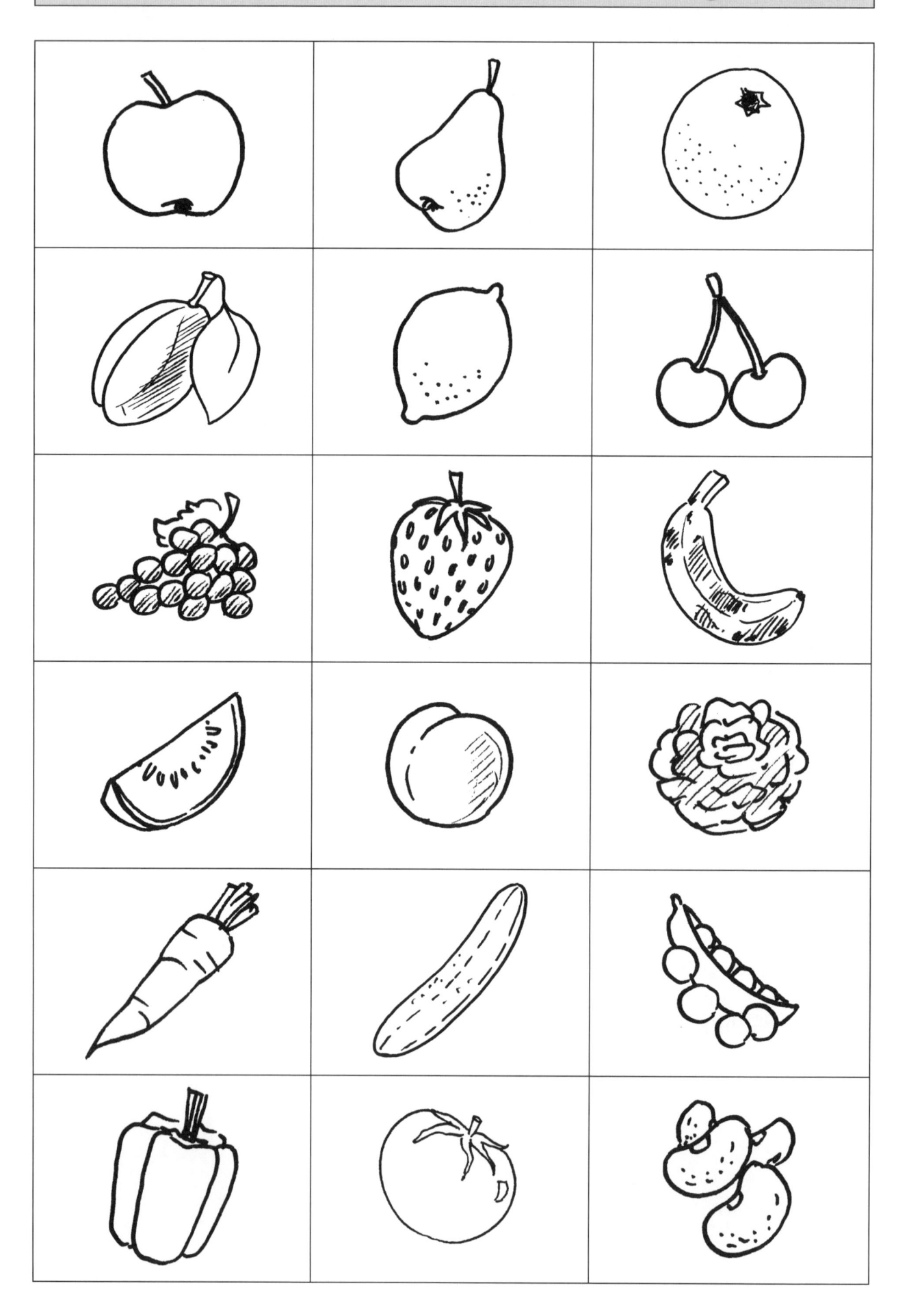

Fruit and vegetables
Rally Card   Name _____

Station 1

a _ _ le	o _ an _ e	le _ o _	ba _ a _ a
p _ _ ch	g _ a _ es	to _ at _	pot _ _ o
ca _ _ ot	p _ _ r	pl _ m	me _ on
che _ _ ies	st _ aw _ erry	p _ as	b _ _ ns
s _ i _ ach	le _ _ uce	pe _ _ er	c _ c _ m _ er

Station 2

Fred buys …

_____ , _____ , _____ , _____ ,

_____ and _____ .

Fred likes _____ .

Station 3

cheeseburger   banana   jeans
computer   T-shirt   hot dog   peach
skateboard   orange
spinach   lemon
apple   cucumber
pea
lettuce   strawberry
cherry   plum
potato   bean   carrot   grapes
hamburger

95

Fruit and vegetables *Rally Card*

Station 4

Tom's shopping list is list number ____ .

Station 5   Miss Miller sold ...

7 tomatoes

_____

_____

_____

_____

_____

_____

_____

Station 6

Sarah likes _____ and _____ .

Sam likes _____ and _____ .

Tim _____ _____ and _____ .

Dora _____ _____ and _____ .

Susan _____ _____ and _____ .

Tom _____ _____ and _____ .

Station 1 Lösung — Fruit and vegetables

So solltest du die Wörter ergänzen:

a**pp**le	o**r**an**g**e	le**m**o**n**	ba**n**a**n**a
p**e**ach	g**r**a**p**es	to**m**at**o**	pot**a**t**o**
ca**rr**ot	p**e**a**r**	pl**u**m	me**l**on
che**rr**ies	st**r**aw**b**erry	p**e**as	b**e**a**n**s
s**pin**ach	le**tt**uce	pe**pp**er	c**u**c**u**m**b**er

Station 2 Lösung — Fruit and vegetables

Das kauft Fred ein:

Fred buys …
5 apples, 4 oranges, 6 bananas, 1 lemon, potatoes and carrots.

Das Lösungswort:
Fred likes *grapes*.

Station 3 Lösung — Fruit and vegetables

Diese Obstsorten sollten in deinen Korb wandern:

apple   orange   lemon   banana   peach

grapes   plum   cherry   strawberry

Station 4 Lösung — Fruit and vegetables

Diese Lösung ist richtig:

Tom's shopping list
is list number **2** .

Station 5 Lösung — Fruit and vegetables

So viel hat Miss Miller verkauft:

Miss Miller sold …

7 tomatoes,   *3 carrots*
8 potatoes,   *6 cucumbers,*
5 peppers,   *9 bananas,*
4 melons,   *2 peaches,*
6 pears,   *7 oranges,*
2 lemons .

Station 6 Lösung — Fruit and vegetables

So muss deine Lösung aussehen:

Sarah likes **cucumbers** and **oranges**.

Sam likes **tomatoes** and **cherries**.

Tim likes **apples** and **spinach**.

Dora likes **potatoes** and **strawberries**.

Susan likes **grapes** and **peas**.

Tom likes **carrots** and **pears**.

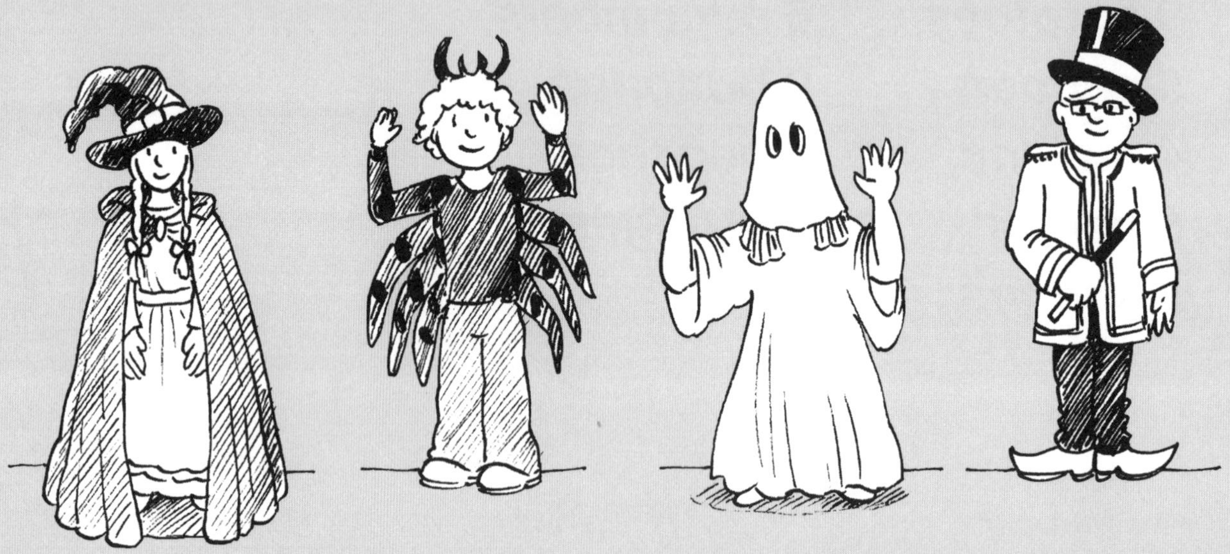

9. Stationentheke: Halloween

Was wird geübt?

Wortschatz:
bat, ghost, skeleton, spider, vampire,
monster, witch, wizard
sweets, cobweb, pumpkin

white, black, brown, orange, red, green, purple, pink
numbers from one to ten

Redewendungen (rezeptiv):
Trick or treat!
How many ... are there?
There are/is ...
Have you got ...? – Yes, I have./No, I haven't.

Stationen

Station 1: Kostüme erkennen und die Namen aufschreiben
Station 2: Dinge zählen und Zahlwörter aufschreiben
Station 3: Sätze lesen und Bilder entsprechend farbig ausmalen
Station 4: Purzelwörter erkennen und Sätze ergänzen
Station 5: Sätze richtig vervollständigen
Station 6: Wörter in einem Buchstabengitter finden und einkreisen
Station ✶: In einem Partnerspiel Wörter erraten

!! Hinweis !!
- Für die ✶-**Station** müssen die *Flash Cards* und die *Solutions Card* vorbereitet werden.
- Das Lösungsblatt zu **Station 3** muss vorab **farbig ausgemalt** werden.

Station 1 — Halloween

▶ Als was haben sich die Kinder auf der Halloween-Party verkleidet? Schreibe die Lösungen auf deine *Rally Card*.

spider

Station 2 — Halloween

▶ Hier siehst du viele Dinge, die zu Halloween gehören. Zähle sie und beantworte die Fragen auf deiner *Rally Card*.

How many **bats** are there? – There are **five** bats.

Station 3 — Halloween

▶ Male die Bilder auf deiner *Rally Card* in den angegebenen Farben aus.

The bat is black.

Station 4 — Halloween

▶ Was verbirgt sich in den Spinnweben? Trage es auf deiner *Rally Card* ein.

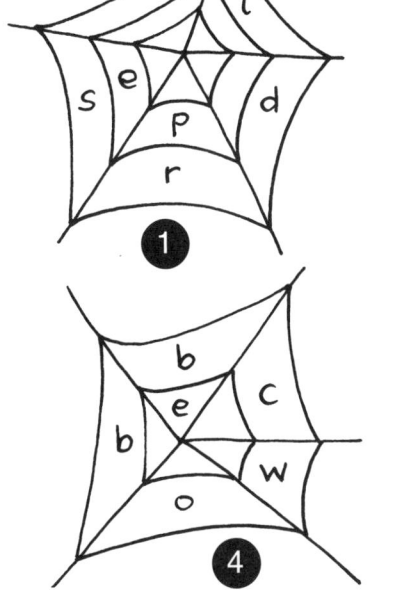

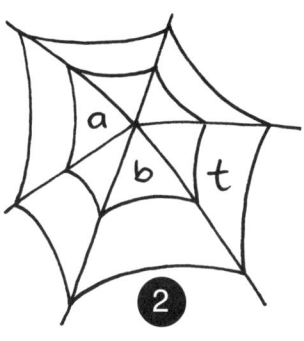

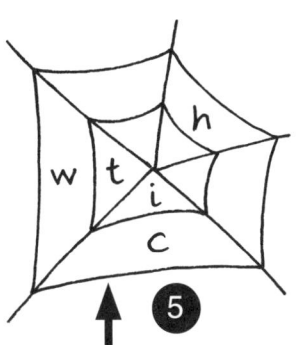

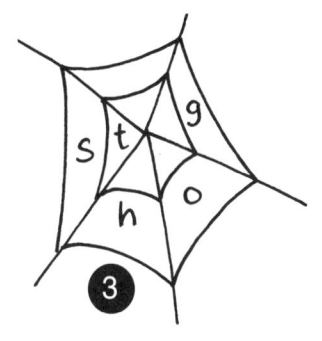

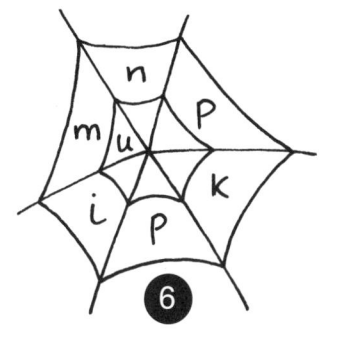

1. s, e, p, r, d, i
2. a, b, t
3. s, t, g, h, o
4. b, e, c, b, w, o
5. w, t, h, i, c
6. n, m, u, p, i, k, p

There is a **witch** in the cobweb.

Station 5 — Halloween

▶ Was stellen die Kinder dar? Schreibe es auf deine *Rally Card*.

Sara **Leo** **Lilli** **Sam**

Sara is a **witch**.

Station 6 — Halloween

▶ In dem Buchstabengitter auf deiner *Rally Card* sind zehn Wörter versteckt, die mit Halloween zu tun haben.
Lies waagerecht und senkrecht. Findest du die Wörter?
Kreise sie ein.

w	h	r	e	w	a	l	f	z	g	g	n	y
i	y	x	n	c	v	b	n	m	k	h	q	m
t	k	g	j	o	c	b	a	t	v	o	e	h
c	q	d	f	w	a	f	g	h	j	s	v	b
h	d	f	g	l	e	b	r	a	b	t	h	j
a	x	o	z	o	r	v	f	h	o	o	z	n

Station ✯ — Halloween

▶ *Go to your teacher.*
Suche dir einen Partner oder eine Partnerin.
Spielt zusammen **Flash Cards**.
Ihr braucht einen Bleistift und ein Blatt Papier.

Lasst euch das Spiel von deinem Lehrer oder deiner Lehrerin erklären.

!! Hinweis für die Lehrkraft !!

Spielanleitung für *Flash Cards*

Die *Flash Cards* und die *Solution Card* (Seite 106) müssen in der Anzahl der halben Klassengröße kopiert, auf Karton geklebt und ausgeschnitten werden.

Spielverlauf:

Zwei Schüler erhalten zusammen einen Satz *Flash Cards* und eine *Solution Card*. Die *Flash Cards* liegen verdeckt zwischen ihnen, die *Solution Card* aufgedeckt daneben. Der erste Spieler nimmt eine Karte. Sein Partner fragt: **"Have you got a ...?"** und nennt ein Wort von der *Solution Card*.
Antwortet der erste Spieler: **"Yes, I have"**, muss er die Karte zeigen. Dann wird gewechselt, und der Partner darf die nächste Karte nehmen. Jetzt wird er befragt.
Sagt der erste Spieler **"No, I haven't"**, so darf er auf dem bereitgelegten Blatt einen Strich machen. Der zweite Spieler fragt so lange weiter, bis er die richtige Lösung hat. Erst dann wird gewechselt.
Der Spieler, der am Ende die meisten Striche gesammelt hat, gewinnt.

Station ✭ Flash cards　　　　　　　　　　Halloween

Flash Cards: Bitte kopieren und auseinanderschneiden.

Solution Card: Bitte kopieren.

Solution card

skeleton

cobweb

pumpkin

sweets

spider

wizard

bat

ghost

witch

Halloween Rally Card   Name _____

Station 1

Station 2

How many spiders are there?   There are _____ spiders.

How many cobwebs are there?   There are _____ cobwebs.

How many ghosts are there?   There are _____ ghosts.

How many pumpkins are there?   There are _____ pumpkins.

How many witches are there?   There are _____ witches.

Station 3

The ghost is pink.

The bat is black.

The pumpkin is orange.

The witch is purple.

The sweets are red, green, orange, pink and purple.

Halloween *Rally Card*

Station 4

1. There is a _____ in the cobweb.
2. There is a _____ in the cobweb.
3. There is a _____ in the cobweb.
4. There is a _____ in the cobweb.
5. There is a _____ in the cobweb.
6. There is a _____ in the cobweb.

Station 5

Sara is a _____.   Lilli is a _____.

Leo is a _____.   Sam is a _____.

Station 6

w	h	r	e	w	a	l	f	z	g	g	n	y	a	s	p	w	d	s	a	o	p	d	f	b
i	y	x	n	c	v	b	n	m	k	h	q	m	e	r	t	z	k	w	h	h	s	l	s	h
t	k	g	j	o	c	b	a	t	v	o	e	h	s	g	p	a	t	e	p	y	e	e	k	e
c	q	d	f	w	a	f	g	h	j	s	v	b	n	m	u	i	z	e	r	i	t	g	e	w
h	d	f	g	l	e	b	r	a	b	t	h	j	k	l	m	x	q	t	s	g	u	l	l	q
a	x	o	z	o	r	v	f	h	o	o	z	n	o	g	p	u	l	s	d	o	i	a	e	o
c	o	b	w	e	b	x	v	a	m	p	i	r	e	b	k	d	l	o	p	o	e	l	t	p
h	n	o	i	r	a	m	o	i	u	z	t	r	e	w	i	w	i	z	a	r	d	y	o	l
s	f	g	s	p	i	d	e	r	a	l	s	m	a	m	n	r	a	b	i	s	a	h	n	s

Station 1 *Lösung*   Halloween

Die Kinder sind verkleidet als:

witch, bat, skeleton, ghost, monster

Station 2 *Lösung*   Halloween

So hast du richtig gezählt:

There are **two** spiders.
There are **six** cobwebs.
There are **two** ghosts.
There are **four** pumpkins.
There are **three** witches.

Station 3 Lösung — Halloween

So solltest du ausmalen:

The ghost is pink.

The bat is black.

The pumpkin is orange.

The witch is purple.

The sweets are red, green, orange, pink and purple.

(Bitte der Aufgabenstellung entsprechend anmalen.)

Station 4 Lösung — Halloween

Dies verbirgt sich in den Spinnweben:

1. There is a **spider** in the cobweb.
2. There is a **bat** in the cobweb.
3. There is a **ghost** in the cobweb.
4. There is a **cobweb** in the cobweb.
5. There is a **witch** in the cobweb.
6. There is a **pumpkin** in the cobweb.

Station 5 *Lösung* — Halloween

Das stellen die Kinder dar:

Sara is a **witch**.   Lilli is a **ghost**.

Leo is a **spider**.   Sam is a **bat**.

Station 6 *Lösung* — Halloween

Diese Wörter sind im Wortgitter versteckt:

w	h	r	e	w	a	l	f	z	g	g	n	y	a	s	p	w	d	s	a	o	p	d	f	b
i	y	x	n	c	v	b	n	m	k	h	q	m	e	r	t	z	k	w	h	h	s	l	s	h
t	k	g	j	o	c	b	a	t	v	o	e	h	s	g	p	a	t	e	p	y	e	e	k	e
c	q	d	f	w	a	f	g	h	j	s	v	b	n	m	u	i	z	e	r	i	t	g	e	w
h	d	f	g	l	e	b	r	a	b	t	h	j	k	l	m	x	q	t	s	g	u	l	l	q
a	x	o	z	o	r	v	f	h	o	o	z	n	o	g	p	u	l	s	d	o	i	a	e	o
c	o	b	w	e	b	x	v	a	m	p	i	r	e	b	k	d	l	o	p	o	e	l	t	p
h	n	o	i	r	a	m	o	i	u	z	t	r	e	w	i	w	i	z	a	r	d	y	o	l
s	f	g	s	p	i	d	e	r	a	l	s	m	a	m	n	r	a	b	i	s	a	h	n	s

10. Stationentheke: Great Britain

Was wird geübt?

Wortschatz:
Tower of London, Tower Bridge, Big Ben, Houses of Parliament, London Eye, Buckingham Palace
double-decker bus, Beefeater

Städte in Großbritannien:
London, Manchester, Birmingham, Bristol, Nottingham, Liverpool, Brighton, York, Edinburgh, Glasgow, Newcastle, York, Cambridge, Cardiff, Plymouth, Bournemouth

Einige typische Bräuche und Ereignisse in Großbritannien:
Christmas, Guy Fawkes Day, Halloween, Trooping the Colour (The Sovereign's Birthday), Changing of the Guard, Nottinghill Carnival

Stationen

Station 1: Die britische Flagge nach Vorgabe ausmalen
Station 2: Londoner Sehenswürdigkeiten erkennen
Station 3: Bilder mit Namen von britischen Bräuchen und Ereignissen verbinden
Station 4: Städte in Großbritannien aus einer Anzahl anderer Städte heraussuchen und unterstreichen
Station 5: Bildern von Sehenswürdigkeiten den passenden Namen zuordnen
Station 6: Aufgrund einer Beschreibung auf Deutsch die Namen von Londoner Sehenswürdigkeiten aufschreiben
Station ✶: Nach einem kurzen Hörtext Städtenamen auf einer Großbritannien-Karte identifizieren

!! Hinweis !!
Der *Union Jack* auf der **Lösungskarte zu Station 1** muss vorab **ausgemalt** werden.

Station 1 — Great Britain

▶ Die britische Fahne nennt man auch **Union Jack**. Sie ist rot, weiß und blau. Male den *Union Jack* auf deiner *Rally Card* an.

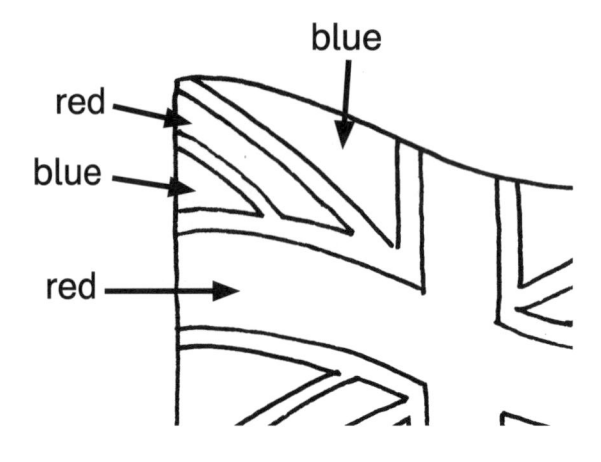

Station 2 — Great Britain

▶ Welche Sehenswürdigkeiten befinden sich in London? Kreuze auf der *Rally Card* an.

Station 3 — Great Britain

▶ Typisch englisch!
Schau auf deine *Rally Card*. Welches Ereignis oder welcher Brauch wird hier dargestellt? Verbinde mit einer Linie.

- Nottinghill Carnival
- Guy Fawkes Day
- Changing of the Guard

Station 4 — Great Britain

▶ Unterstreiche auf deiner *Rally Card* die Städte, die in England liegen.

Cologne – <u>Manchester</u> – New York – …

Station 5 — Great Britain

▶ Schau auf deine *Rally Card*. Was ist hier abgebildet?
Schreibe in die Kästchen zu jedem Buchstaben die richtige Nummer.

A 3

1 Tower of London **2** double-decker bus **3** Buckingham Palace

---

Station 6 — Great Britain

▶ Schreibe auf deiner *Rally Card* hinter jeden Satz,
welche Sehenswürdigkeit gemeint ist.

Die älteste Festung Londons. ***Tower of London***

Station ✯ Great Britain

▶ *Go to your teacher.*
Geh zu deiner Lehrerin/deinem Lehrer und hole dir eine Englandkarte.

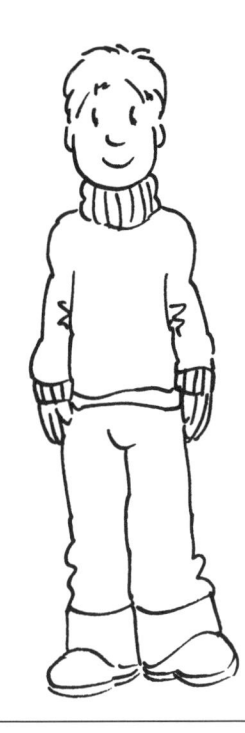

Towns in Great Britain

Das ist Jack. Er hat schon viele britische Städte besucht.

Dein Lehrer/deine Lehrerin wird dir einen Text vorlesen, in dem du erfährst, in welchen Städten er war. Markiere sie auf deiner Englandkarte.

!! Hinweis für die Lehrkraft !!

- Geben Sie jedem Kind eine Kartenskizze zum Betrachten (s. Kopiervorlage S. 118).
- Sprechen Sie alle Städte, die auf der Karte eingezeichnet sind, deutlich vor.
- Lassen Sie die Schülergruppe die Städtenamen nachsprechen.
- Lesen Sie den folgenden Text langsam vor und geben Sie den Schülern Zeit, um die Städte zu finden und zu markieren.

*Jack was born in **Liverpool**, the hometown of the Beatles. At the age of six he had to move to **Nottingham** because his father got a job there. Every year the whole family went on holiday to a seaside resort. One year they went to **Brighton**. Jack loved to build sandcastles on the beach. Another year they went to **Bournemouth**. Jack's sister Sue loved the beautiful flowers there. Sue is a biology student in **Cambridge** now. Jack visits her from time to time. Last year he went to **Manchester** with some friends to watch a football match. Manchester United is a very good team. A month ago he went sightseeing to **London**. He liked the Egyptian mummies at the British Museum best.*

Station ✸ *Kopiervorlage* — Great Britain

Great Britain Rally Card   Name _____

Station 1

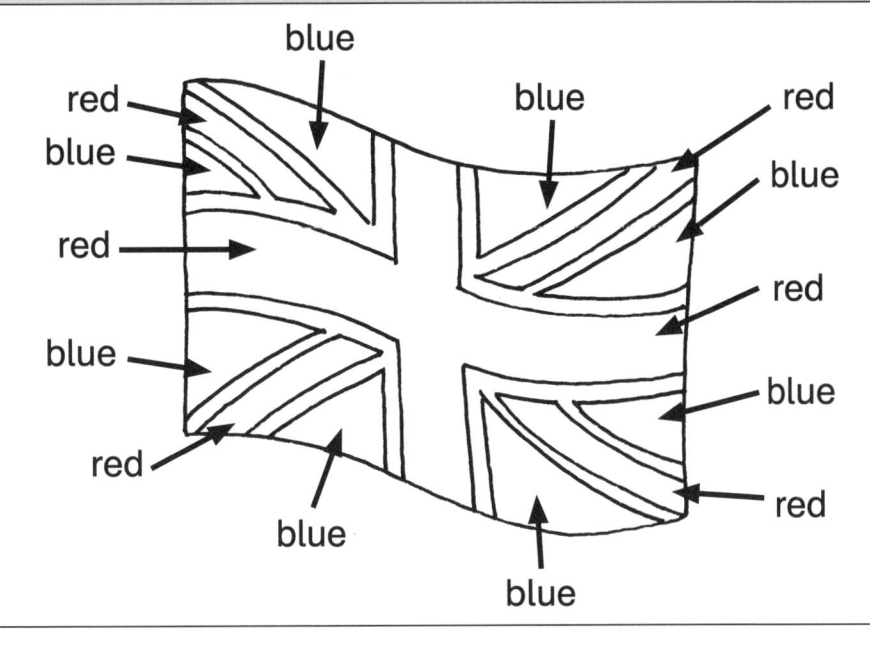

- blue
- red
- blue
- red
- blue
- red
- blue
- blue
- red
- blue
- red
- blue
- red
- blue
- blue

Station 2

☐ ☐ ☐
☐ ☐ ☐

Station 3

- Guy Fawkes Day
- Christmas
- Trooping the Colour
- Nottinghill Carnival
- Changing of the Guard
- Halloween

Great Britain *Rally Card*

Station 4

Cologne – Manchester – New York – London

Munich – Birmingham – Bristol – Nottingham

Washington – Liverpool – Brighton – Boston

Toronto – York

Station 5

A B  C

1 Tower of London   2 double-decker bus   3 Buckingham Palace
4 Beefeater   5 Big Ben   6 London Eye

D  E  F

Station 6

1. Die älteste Festung Londons. _____

2. Eine Klappbrücke über die Themse. _____

3. Eine 13,5 t schwere Glocke in einem hohen Turm. _____

4. Ein Riesenrad am Ufer der Themse. _____

5. Der Wohnsitz der Königsfamilie in London. _____

Tower of London – Big Ben – London Eye – Buckingham Palace – Tower Bridge

Station 1 *Lösung* — Great Britain

So sollte dein Union Jack aussehen:

(Bitte der Aufgabenstellung entsprechend anmalen.)

Station 2 *Lösung* — Great Britain

Diese Sehenswürdigkeiten befinden sich in London:

Big Ben    Tower Bridge    London Eye

Station 3 Lösung — Great Britain

Dies gehört zusammen:

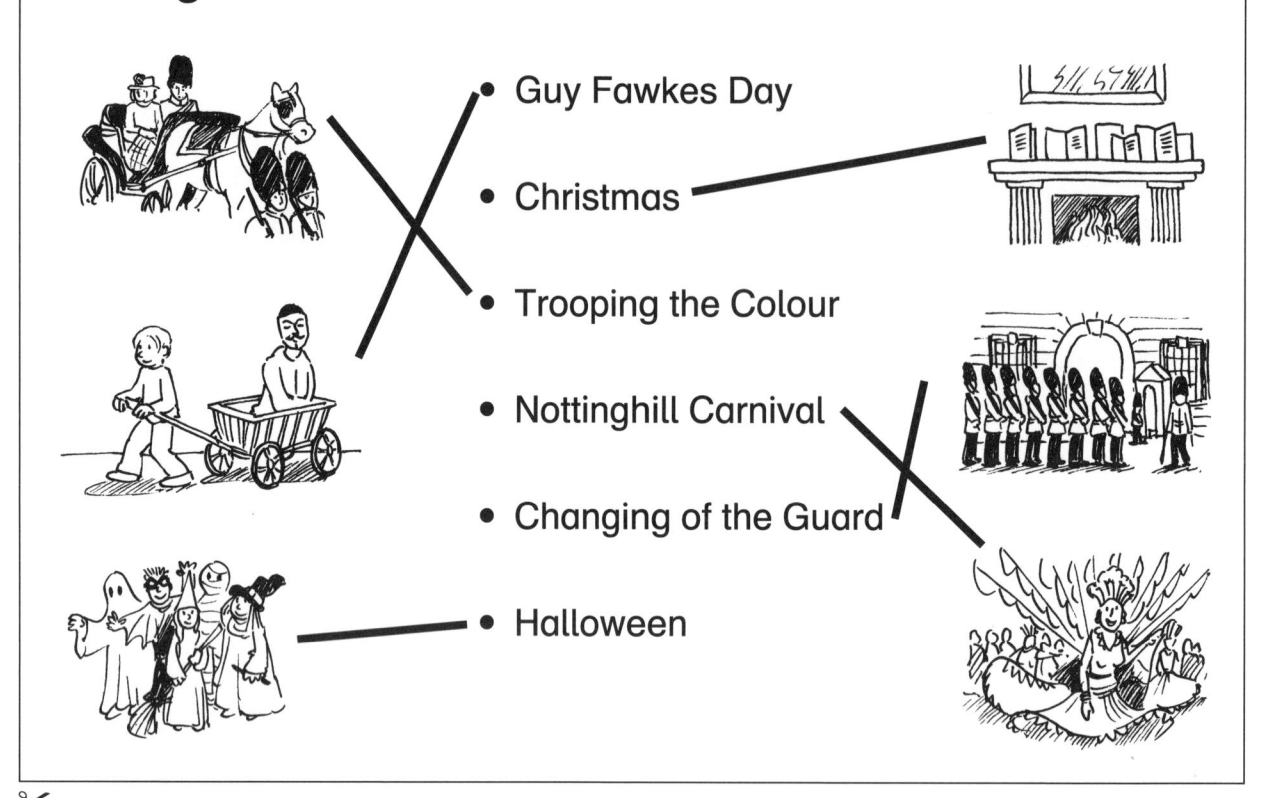

- Guy Fawkes Day
- Christmas
- Trooping the Colour
- Nottinghill Carnival
- Changing of the Guard
- Halloween

Station 4 Lösung — Great Britain

Die unterstrichenen Städte liegen in Großbritannien:

Cologne – <u>Manchester</u> – New York – London

Munich – <u>Birmingham</u> – <u>Bristol</u> – <u>Nottingham</u>

Washington – <u>Liverpool</u> – <u>Brighton</u> – Boston

Toronto – <u>York</u>

Station 5 Lösung — Great Britain

Das ist die richtige Lösung:

A 3 *B 5* *C 6*

D 1 *E 2* *F 4*

Station 6 Lösung — Great Britain

Dies sollte deine Lösung sein:

1. *Tower of London*
2. *Tower Bridge*
3. *Big Ben*
4. *London Eye*
5. *Buckingham Palace*

Besser mit Brigg Pädagogik!

Abwechslungsreiche Materialien für den bewegten und kommunikativen Englischunterricht!

BRIGG Pädagogik VERLAG

Ludwig Waas / Barbara Ertelt

Stories and Dialogues

Vom Hören und Verstehen zum Sprechen

Stundensequenzen für den Englischunterricht ab Klasse 3

116 S., DIN A4, Kopiervorlagen mit Lösungen und Audio-CD

Best.-Nr. 598

Detaillierte Stundenskizzen zur **Vermittlung der kommunikativen Kompetenz!** Anstatt trockenen Lernstoff zu pauken, geht es hier um die konkrete Anwendung des Gelernten in interessanten englischen Dialogen und Geschichten. Die Dialoge befinden sich auf der **beiliegenden Audio-CD**, gesprochen von englischen Muttersprachlern. Die Schüler/-innen lernen die Passagen auswendig und spielen sie nach.

Brigitte Duval-Moatti / Karin Thompson

Englisch in Bewegung

Den Alltagswortschatz spielend lernen

Materialpaket mit drei Handpuppen, Audio-CD und Poster

64 S., DIN A4, mit Kopiervorlagen, Poster (DIN-A2), 3 Handpuppen aus Karton und Audio-CD

Best.-Nr. 534

Einfache Wörter des Grundwortschatzes in Spiel und Bewegung lernen! **Spielend, malend, singend, rätselnd und tanzend** erweitern die Kinder ihre Kenntnisse in sechs Themenbereichen stetig. Die neuen Vokabeln hören sie in der korrekten Aussprache auf der **Audio-CD**, in den folgenden Übungen wenden sie sie mehrfach selbst an. Lustige Zungenbrecher garantieren zusätzlichen Spaß und Lerneifer.

Astrid Pfeffer

Lilies for Libby

Ein lustiges Karten- und Brettspiel für den Englischunterricht und für zu Hause

3./4. Klasse

64 S., DIN A4, Kopiervorlagen mit Lösungen

Best.-Nr. 666

Dieses neue Lernspiel rund um die kleine Schnecke Libby enthält den **kompletten Grundwortschatz**, den die Kinder in dieser Altersstufe beherrschen müssen. Die Wörter werden variabel abgefragt, d.h. die Kinder malen Begriffe, beantworten Fragen oder führen bestimmte Aktionen aus. Der **Spielplan im Format DIN A3** kann für mehrere Gruppen kopiert werden. Die Karten, die für das Spiel benötigt werden, sind als Kopiervorlage vorhanden.

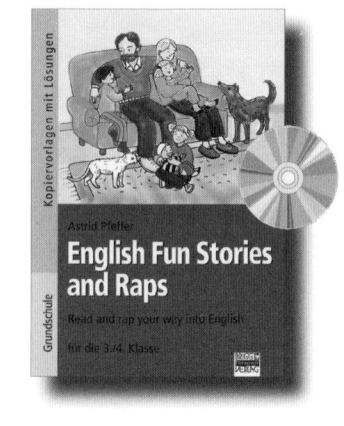

Astrid Pfeffer

English Fun Stories and Raps

Read and rap your way into English

für die 3./4. Klasse

48 S., DIN A4, Kopiervorlagen mit Lösungen und Audio-CD

Best.-Nr. 271

Zehn Geschichten und **14 Raps**, mit denen das Englischlernen richtig Spaß macht! Die Geschichten entsprechen den Lehrplanthemen und sind in der Form eines Minibuches aufgebaut. So erhalten die Kinder nach und nach eine kleine Englisch-Bibliothek. Hervorragend geeignet zum lauten Vorlesen, Abschreiben und Nachspielen. Die Geschichten und Raps werden auf der beiliegenden **Audio-CD** mitgeliefert.

Bestellcoupon

Ja, bitte senden Sie mir / uns mit Rechnung

_____ Expl. Best.-Nr. _____

_____ Expl. Best.-Nr. _____

_____ Expl. Best.-Nr. _____

_____ Expl. Best.-Nr. _____

Meine Anschrift lautet:

_____
Name / Vorname

_____
Straße

_____
PLZ / Ort

_____
E-Mail

_____
Datum/Unterschrift   Telefon (für Rückfragen)

Bitte kopieren und einsenden/faxen an:

Brigg Pädagogik Verlag GmbH
zu Hd. Herrn Franz-Josef Büchler
Zusamstr. 5
86165 Augsburg

☐ Ja, bitte schicken Sie mir Ihren Gesamtkatalog zu.

Bequem bestellen per Telefon / Fax:
Tel.: 0821 / 45 54 94-17
Fax: 0821 / 45 54 94-19
Online: www.brigg-paedagogik.de

Besser mit Brigg Pädagogik!
Fertig erstellte Arbeitsblätter für fröhliche Englischstunden!

Ludwig Waas / Wolfgang Hamm

Leistung messen und bewerten
im Englischunterricht der Grundschule

Grundlagen – didaktische Prinzipien – praktische Umsetzung

104 S., DIN A4,
mit Kopiervorlagen
Best.-Nr. 343

Dieses Buch hilft Ihnen, **Leistungstests** passend zu Ihrem Unterricht zu konzipieren. Es vermittelt theoretische Grundlagen und beleuchtet wesentliche Lernziele des Englischunterrichts, Formen der Lernstandserhebung und Prinzipien der Gestaltung von schriftlichen und mündlichen Tests. Optimal für die Vorbereitung auf fundierte **Elterngespräche** und die Formulierung von **Zeugnisbemerkungen**.

Astrid Pfeffer

My English ABC in rhymes

3./4. Klasse

38 S., DIN A4,
mit Kopiervorlagen
Best.-Nr. 270

Mit diesem Buch lernen die Kinder **spielerisch** das englische ABC. Jedem Buchstaben ist ein typisches englisches Wort und ein dazu passender vierzeiliger Reim zugeordnet. Die **Reime** prägen sich den Kindern leicht ein und machen sie mit dem Klang der englischen Sprache vertraut. Im Anschluss an das ABC finden Sie lebendige Anregungen für den Einsatz der Verse im Unterricht. Sie lassen sich zehn Themengebieten zuordnen, die in den verschiedenen Lehrplänen enthalten sind.

Astrid Pfeffer

Englisch-Wortschatz lernen mit Karteikarten

Den Grundwortschatz sichern

56 S., DIN A4,
Kopiervorlagen mit Lösungen
Best.-Nr. 398

Diese Unterrichtshilfe bietet den gesamten Pflichtwortschatz für die Grundschule auf insgesamt **380 Karteikarten zum Kopieren und Ausschneiden**. Mit einer Anleitung, wie man mit Karteikarten richtig lernt. Die Materialien können lehrbuchunabhängig oder als Ergänzung eingesetzt werden.

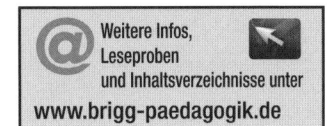

Weitere Infos, Leseproben und Inhaltsverzeichnisse unter
www.brigg-paedagogik.de

Astrid Pfeffer

Read and write – learn to do it right

Schreiben, Lesen, Aktivitäten und Spiele

3./4. Klasse

118 S., DIN A4,
mit Kopiervorlagen
Best.-Nr. 397

Anhand von **zehn im Lehrplan verankerten Themenbereichen** erleben die Kinder die Fremdsprache als etwas Lebendiges und sind stolz darauf, sich korrekt in vollständigen Sätzen äußern zu können. Zahlreiche Spiele, Songs und weitere lustige Aktivitäten unterstützen die Schüler/-innen im Lernprozess. **Wunderschön gestaltete Kopiervorlagen** mit Lösungen sorgen dafür, dass die Sprache verschriftlicht wird.

Bestellcoupon

Ja, bitte senden Sie mir / uns mit Rechnung

____ Expl. Best.-Nr. _____
____ Expl. Best.-Nr. _____
____ Expl. Best.-Nr. _____
____ Expl. Best.-Nr. _____

Meine Anschrift lautet:

Name / Vorname

Straße

PLZ / Ort

E-Mail

Datum/Unterschrift   Telefon (für Rückfragen)

Bitte kopieren und einsenden/faxen an:

Brigg Pädagogik Verlag GmbH
zu Hd. Herrn Franz-Josef Büchler
Zusamstr. 5
86165 Augsburg

☐ Ja, bitte schicken Sie mir Ihren Gesamtkatalog zu.

Bequem bestellen per Telefon / Fax:
Tel.: 0821 / 45 54 94-17
Fax: 0821 / 45 54 94-19
Online: www.brigg-paedagogik.de

Besser mit Brigg Pädagogik!

Aktuelle Materialien für einen ganzheitlichen, handlungsorientierten Deutschunterricht!

Monika Roller

Kinder entdecken die Wortarten

Eine Grammatikkartei zu den Montessori-Wortartensymbolen

128 S., DIN A4, mit Kopiervorlagen
Best.-Nr. 432

Nach einer kindgerechten Einführung in die wichtigsten Wortarten üben die Schüler mit den Wortartensymbolen Maria Montessoris und festigen so ihr Wissen. Die **kopierfähige Grammatikkartei** enthält umfangreiches Material für die gesamte Grundschulzeit und darüber hinaus. **Farbige Abbildungen** (z. B. von Schülerbeispielen) unterstützen die Umsetzung im Unterricht.

Monika Roller

Mein kleines Regelheft

Mit Montessori die deutsche Grammatik verstehen

Arbeitsheft für die 3./4. Klasse

48 S., DIN A5, Arbeitsheft
Best.-Nr. 562

Bewährte Elemente aus der Montessori-Pädagogik unterstützen und motivieren die Kinder beim Lernen. Das Arbeitsheft enthält die Montessori-Wortartensymbole und die Pfeile zur Bestimmung der Satzteile und Satzglieder. Alles wird durch die „Wortartenmännchen" kindgerecht erklärt und eingeführt, sodass der Umgang mit dem Heft auch ohne Vorkenntnisse in der Montessori-Pädagogik möglich ist. Bestens zur **Vorbereitung auf den Übertritt in die weiterführende Schule** geeignet!

Franziska Püller

Im Land der Sprache

Spannende Wortartengeschichten

Grammatik verstehen mit Montessori-Pädagogik

92 S., DIN A4, farbig mit Kopiervorlagen
Best.-Nr. 297

Anhand von witzigen, spannenden Geschichten entdecken Kinder der 1. bis 4. Klasse die Bedeutung und Eigenschaften der verschiedenen Wortarten. **Besonders schwächere Kinder** erschließen sich wichtige grammatikalische Grundbegriffe handlungsorientiert, ganzheitlich und nachhaltig.

Franziska Püller

Hurra, jetzt bin ich Rechtschreibkönig!

Sicher Rechtschreiben lernen mit Montessori-Pädagogik

160 S., DIN A4, farbig, mit Kopiervorlagen
Best.-Nr. 296

Dieser schön illustrierte Praxisband, der ohne Montessori-Vorkenntnisse eingesetzt werden kann, zeigt Ihnen, wie Sie betroffenen Kindern helfen können, assoziativ zu lernen. Er vermittelt anschaulich, wie man Schwächen erkennen und Kinder ganz gezielt individuell fördern kann. Das **kreative Rechtschreibtraining** hilft Ihnen, Kindern mit LRS oder Teilleistungsstörungen sowie Migrationshintergrund nachhaltig Sicherheit beim Schreiben zu vermitteln.

Bestellcoupon

Ja, bitte senden Sie mir / uns mit Rechnung

____ Expl. Best.-Nr. _____
____ Expl. Best.-Nr. _____
____ Expl. Best.-Nr. _____
____ Expl. Best.-Nr. _____

Meine Anschrift lautet:

_____
Name / Vorname

_____
Straße

_____
PLZ / Ort

_____
E-Mail

_____
Datum/Unterschrift   Telefon (für Rückfragen)

Bitte kopieren und einsenden/faxen an:

Brigg Pädagogik Verlag GmbH
zu Hd. Herrn Franz-Josef Büchler
Zusamstr. 5
86165 Augsburg

☐ Ja, bitte schicken Sie mir Ihren Gesamtkatalog zu.

Bequem bestellen per Telefon/Fax:
Tel.: 0821/45 54 94-17
Fax: 0821/45 54 94-19
Online: www.brigg-paedagogik.de